1+X 职业技术·职业资格培训教材

CHONGMING LAOBAIJIUNIANGZAO

崇明老白酒酿造

主　编　沈建菊

编　者　李　娟

主　审　李德良

中国劳动社会保障出版社

图书在版编目(CIP)数据

崇明老白酒酿造/人力资源和社会保障部教材办公室等组织编写. —北京：中国劳动社会保障出版社，2014

1+X 职业技术·职业资格培训教材

ISBN 978-7-5167-1286-3

Ⅰ.①崇… Ⅱ.①人… Ⅲ.①白酒-酿酒-职业培训-教材 Ⅳ.①TS262.3

中国版本图书馆 CIP 数据核字(2014)第 183483 号

中国劳动社会保障出版社出版发行

（北京市惠新东街 1 号 邮政编码：100029）

*

三河市华骏印务包装有限公司印刷装订 新华书店经销

787 毫米×1092 毫米 16 开本 6.25 印张 116 千字

2014 年 8 月第 1 版 2014 年 8 月第 1 次印刷

定价：16.00 元

读者服务部电话：(010) 64929211/64921644/84643933

发行部电话：(010) 64961894

出版社网址：http://www.class.com.cn

内容简介

本教材由人力资源和社会保障部教材办公室、中国就业培训技术指导中心上海分中心、上海市职业技能鉴定中心依据上海 1+X 崇明老白酒酿造职业技能鉴定细目组织编写。教材从强化培养操作技能、掌握实用技术的角度出发，较好地体现了当前最新的实用知识与操作技术，对于提高从业人员基本素质、掌握崇明老白酒酿造的核心知识与技能有直接的帮助和指导作用。

本教材在编写中摒弃了传统教材注重系统性、理论性和完整性的编写方法，而是根据本职业的工作特点，以掌握实用操作技能和能力培养为根本出发点，采用模块化的编写方式。全书共分为 6 章，主要内容包括：崇明老白酒酿造概述、酿酒的主要原料、酿酒设施与工具、酿酒的工艺流程、米酒的储存与饮用、酿酒中常见反常现象的处置方法。

在教材编写过程中，得到了行家、有丰富经验的酿酒师傅张志荣、施立义和顾鹏荣等的大力支持和帮助，他们把自己丰富的实践经验贡献出来，是为了更好地传承、弘扬和推广崇明老白酒的酿造技术，造福于民，在此表示衷心的感谢，同时也向其他不知名的师傅们表示深深的感谢。

本教材可作为崇明老白酒酿造职业技能培训与鉴定考核教材，也可供全国中、高等职业技术院校相关专业师生参考使用，以及本职业从业人员培训使用。

前　言

职业培训制度的积极推进，尤其是职业资格证书制度的推行，为广大劳动者系统地学习相关职业的知识和技能，提高就业能力、工作能力和职业转换能力提供了可能，同时也为企业选择适应生产需要的合格劳动者提供了依据。

随着我国科学技术的飞速发展和产业结构的不断调整，各种新兴职业应运而生，传统职业中也愈来愈多、愈来愈快地融进了各种新知识、新技术和新工艺。因此，加快培养合格的、适应现代化建设要求的高技能人才就显得尤为迫切。近年来，上海市在加快高技能人才建设方面进行了有益的探索，积累了丰富而宝贵的经验。为优化人力资源结构，加快高技能人才队伍建设，上海市人力资源和社会保障局在提升职业标准、完善技能鉴定方面做了积极的探索和尝试，推出了 1+X 培训与鉴定模式。1+X 中的 1 代表国家职业标准，X 是为适应经济发展的需要，对职业的部分知识和技能要求进行的扩充和更新。随着经济发展和技术进步，X 将不断被赋予新的内涵，不断得到深化和提升。

上海市 1+X 培训与鉴定模式，得到了国家人力资源和社会保障部的支持和肯定。为配合 1+X 培训与鉴定的需要，人力资源和社会保障部教材办公室、中国就业培训技术指导中心上海分中心、上海市职业技能鉴定中心联合组织有关方面的专家、技术人员共同编写了职业技术·职业资格培训系列教材。

职业技术·职业资格培训教材严格按照 1+X 鉴定考核细目进行编写，教材内容充分反映了当前从事职业活动所需要的核心知识与技能，较好地体现了适用性、先进性与前瞻性。聘请编写 1+X 鉴定考核细目的专家，以及相关行业的专家参与教材的编审工作，保证了教材内容的科学性及其与鉴定考核细目和题库的紧密衔接。

职业技术·职业资格培训教材突出了适应职业技能培训的特色，读者通过学习与培训，不仅有助于通过鉴定考核，而且能够有针对性地进行系统学习，真正掌握本职业的核心技术与操作技能，从而实现从懂得了什么到会做什么的飞跃。

职业技术·职业资格培训教材立足于国家职业标准，也可为全国其他省市开展新职业、新技术职业培训和鉴定考核，以及高技能人才培养提供借鉴或参考。

新教材的编写是一项探索性工作，由于时间紧迫，不足之处在所难免，欢迎各使用单位及个人对教材提出宝贵意见和建议，以便教材修订时补充更正。

人力资源和社会保障部教材办公室
中国就业培训技术指导中心上海分中心
上海市职业技能鉴定中心

目　录

1

第 1 章

崇明老白酒酿造概述

学习目标

➢了解崇明老白酒的含义、历史及荣誉

➢掌握酿造崇明老白酒的流程

➢掌握崇明老白酒的酿造季节（温度）

➢了解推广崇明老白酒酿造的意义

知识要求

一、崇明老白酒的含义

崇明老白酒是以糯米或粳米为原料，经蒸饭、淋饭后拌药加水精心酿造，属谷物酿造酒。酒中不含任何添加剂，经过自然沉淀灌注而成，加上该酒味道甜润，色呈乳白，故亦被称为崇明米酒、水酒或甜白酒。它是原产地为上海崇明的一种米酒，为中国地理标志产品，是崇明岛上的传统特产之一，是上海地区独有的酒种。

崇明老白酒质量地道，风味独特，有别于一般的白酒（崇明人所说的白酒是指高粱酒、烈性酒）与黄酒。该酒入口甜而微酸，香味醇厚，酒度适中（12°～13°），后劲足，有回味，是深受欢迎的低度酒。

二、崇明老白酒的历史与荣誉

崇明老白酒有700多年历史，均为农家私人酿造，用料和工艺无甚差别，技术纯熟，品位甚趋一致，早在百余年前，崇明老白酒已驰誉大江南北，有“名扬江北三千里，味占江南第一家”的美称。

至20世纪六七十年代，岛上逐步形成工厂化生产。目前全岛有大小酒厂八家，如上海大陆酿造有限公司、上海绿岛米酒厂、上海东明酿造有限公司、上海红高粱农产品专业合作社、崇明新申酒厂、上海农家酿酒有限公司等，年产老白酒一万多吨，农家酿酒数量也很可观。在无数代人的共同努力下，特别是在近三四十年从事崇明老白酒酿造与开发的科研和实际操作人员的共同努力下，崇明老白酒的质量得到了大众的好评、社会的赞誉和专家及权威机构的肯定。

工厂化生产的崇明老白酒获得了很多荣誉。1993年，崇明老白酒被评为“上海市名牌产品”，1995年获得“上海市科技博览会金奖”，2004—2005年连续两年被评为“上海市名优食品”。2007年，崇明老白酒获国家质量监督检验检疫总局颁发的“崇明老白酒地理标志保护产品”称号（国家质量监督检验检疫总局《关于批准对崇明老白酒实施地理标志产品保护的公告》)。2009 年，崇明老白酒传统酿造技法被列入第二批上海市非物质文化遗产名录（传统手工技艺项，编号为Ⅷ—32）。

相关链接：

上海东明酿造有限公司是以生产上海“瀛三泉”牌崇明老白酒而闻名的百年老厂，于 1997 年转制成民营企业，坐落于上海绿色生态岛——崇明岛，现有“瀛三泉”与“珠裕”两个品牌。

“瀛三泉”牌东明米酒是崇明地区酒类中唯一获得上海市名牌商标称号的纯米酿制无任何添加剂的绿色健康型酒，曾经荣获上海市科学技术博览会金奖、2004—2009 年上海名优产品、“中国质量万里行”打假维权中心确认的“全国（产品）国家监督检查质量稳定合格企业”产品等，并于 2007 年荣获“中华人民共和国地理标志保护产品”称号。

图 1—1 至图 1—10 是部分工厂化生产的崇明品牌酒。

图 1—1　上海东明酿造有限公司生产的名酒“菜花黄”“十月白”

图 1—2　“农家”牌崇明老白酒

图 1—3　东发酒厂生产的崇明米酒

图 1—4　瀛星酿酒有限公司生产的瀛星原酿

图 1—5　绿岛米酒厂生产的血糯米酒

图 1—6　陈家镇生产的坛装酒

图 1—7　2011 年上海名优产品瀛仙

图 1—8　上海世博会授权的“农本”牌崇明老白酒

图 1—9　农家米酒厂生产的崇明老白酒

图 1—10　上海明酒酒厂生产的“紫螺坛”系列

相关链接：

崇明老白酒的传说（一）

当年崇明是一个个沙洲，外来农户种的都是走脚田。走脚田是指农户要到离家很远的地方种田，由于离家很远，不可能回家吃午饭，于是早晨出发时带上茶水和饭食，就在田头吃午饭，午后继续劳作。

这一天时值初夏，有一位老农带着头一天裹的粽子当点心，来到海堤旁新开垦的土地上耕作。他走到田埂边把粽子放到一旁的草丛里，以防被太阳晒坏。到了太阳当顶时分，正准备吃午饭时，他突然感到肚子不舒服，似有什么东西在膨胀，再也吃不下东西，只喝了几口水，硬撑到傍晚，带着动也没有动过的粽子回家。第二天老农从篮子里拿出带回家的粽子，想放在锅中煮一下，以免变质，没想到，这篮子里的粽子发出一种微微的好闻香味，拨开粽叶用舌头舔一舔米粒，竟酸甜可口，味带醇香。老农百思不得其解，他带着疑团来到昨天放粽子的地方，前前后后、仔仔细细看了一番，心想，放粽子的地方长满了辣蓼草，莫不是它所开的花粉掉在了粽子上，发酵后使粽子变成现在这样的？想到这里，老农细心地刮下辣蓼草的花粉，回到家，撒在煮熟的米饭上，细细拌匀，然后放入缸里头。第二天，那缸内的米饭果然变成了香气四溢的“酒饭”。几天后，那酒饭中溢出了甘醇清洌的米酒。

崇明老白酒的传说（二）

崇明家酿糯米酒何以被称为崇明老白酒呢？传说有这么一个故事：七百多年前的某日，时称瀛洲东沙的地面上走来了两位老者，他俩一袭青衣，头戴蓑笠，一个骑骡子，一个拄拐杖，来到一条河边的大树下坐下，摆开棋盘开始对弈。其超凡脱俗、仙风道骨的样子不可言表。离河边不远处有三间茅屋，茅屋中飘来阵阵酒香。原来正值茅屋的主人家的新酒开缸。不时，有位老农平端两大碗酒送至树下，对两位弈者说：“二位老丈歇歇，请尝尝我家的开缸新酒。”这两位弈者正为刚才被阵阵酒香搅得垂涎三尺，此时闻说立时容颜大悦，二话不说端过酒碗一饮而尽。酒毕称谢又问起：“此酒何其好喝，可有其名?”老农答：“乡野土酿哪有其名。”拄拐杖的老者说：“好吧，我给这酒起个名就叫‘老白酒’吧！老者醇，纯正也。”骑骡子的老者接着说：“好一个‘老白酒’，瀛洲有此佳酿是吾辈口福，我祝愿‘老白酒名扬千里，四海咸宜’。”从此“老白酒”这个称谓传遍乡间。后人猜测这弈棋的两位老者是“醉八仙”中的张果老与铁拐李，当然这已经无从查考。

三、崇明老白酒与其他酿造酒的异同

崇明老白酒是传统型的具有鲜明地域特点的酿造酒。据本地老人们说，只有岛上温湿的气候条件才能酿造出价廉物美的崇明老白酒。离开了崇明岛，即使是在岛的周边地区，用同一种原料和同样的方法酿造出来的米酒，无论色泽、口味、酒性与崇明老白酒迥然不同，例如启东的白酒、青浦的黄酒和常熟的米酒等。

崇明老白酒与浙江黄酒、西藏青稞酒、山东兰陵米酒、陕西黑米酒等同根同祖，只是在工艺方法上有些差异，例如黄酒淋饭法工艺（见图 1—11）和崇明老白酒农家酿造工艺（见图 1—12），通过流程图，一目了然。

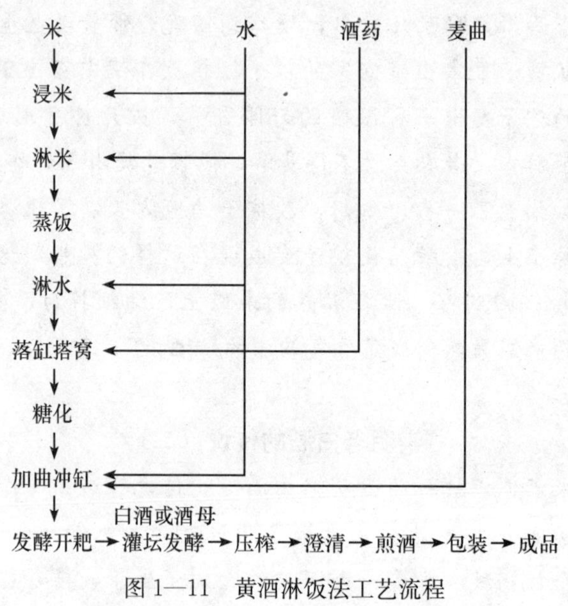

图 1—11　黄酒淋饭法工艺流程

四、崇明老白酒的酿造季节

一般情况下，每年从 10 月下旬到来年 4 月上旬，崇明岛上的气温条件都可以酿酒。在这半年的时间内，尽管前后气温相差很大，但经验丰富的酿酒师傅按照不同的环境温度控制原料、水、酒缸的温度以及酒曲发酵过程中的温度。通过一系列巧夺天工的过程才制造出这人间佳酿。

4 月以后，崇明岛上的气温不仅渐渐上升到 20℃以上，而且很不稳定，这样发酵工艺完全依赖人工控制，就算经验再丰富的酿酒师傅也很难掌控和保持酒缸内的温度。在崇明岛的历史上，通常在 4 月份以后 10 月份以前是不酿酒的，在这段时间里人们饮的酒或从

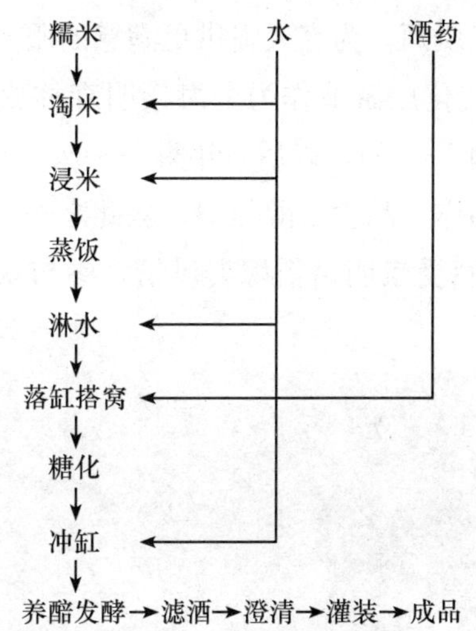

图 1—12　崇明老白酒农家酿造工艺流程

商店里买的酒大多是几个月甚至半年以前的陈酿。

现在崇明岛上有多家工厂化酿造厂，依靠先进的工艺设备，可以常年生产，满足国内外客户的需要。

五、推广崇明老白酒酿造技术的意义

1. 传承崇明老白酒酿造工艺的需要

崇明老白酒酿造具有 700 多年的历史，是崇明岛先人留下的宝贵文化遗产，具有历史文化价值。它属于发酵酿造型，不添加任何添加剂，营养价值高，老少咸宜，取材容易，工艺简单。它的酿造工艺不仅有骄傲的昨天、兴旺的今天，更应该有辉煌的明天，让传统工艺代代相传。但是，目前在业的酿造人员年龄偏大，文化水平偏低；而年轻人喜欢饮崇明老白酒，但是不会酿造。因此，培养和造就新一代有文化、懂专业的新型老白酒酿造人员是当前急需解决的一大问题。崇明人民 15 万家庭共同希望能够把崇明老白酒的生命不断延伸，质量不断提高，制酒技术代代相传。

2. 崇明老白酒促进了旅游业的发展及农家乐的拓展

由于崇明旅游业的发展和农家乐的增加，对崇明老白酒的需求成倍增长。到崇明来旅游，吃住在崇明酒家或宾馆的游客绝大多数要求品尝崇明老白酒。而且市区及外地朋友来崇明后，很想带点老白酒回去。对于在海外的崇明游子，老白酒更是他们的一份思乡情结。崇明旅游业的发展增加了崇明老白酒的销售额；反之，崇明老白酒又促进了崇明旅游业的发展及农家乐的拓展。经营农家乐的农户掌握了这一技术，可以更好地满足游客的需求，让游客品尝到放心酒、优质酒，为客人提供更满意的服务。

2011年，前卫金秋生态文化旅游节作为上海崇明森林旅游节的一个重要活动，隆重推出了崇明首次米酒节（见图1—13），以后每年举办一次。在米酒节上，游客可进入酿造工坊，观摩崇明老白酒现场制作，品尝浓醇佳酿。除此之外，还可以参与表演社戏《抛球择婿》，用老白酒喝交杯酒，感受崇明婚俗嫁娶风情，参与欢乐酒词对对碰游戏等，深受游客的喜爱。

图1—13　崇明首次米酒节

3. **创造再就业机会，增加经济收入**

本书仅就崇明老白酒家庭自制的传统方法做一个全面而浅显的介绍，以期总结和推广崇明老白酒的酿造技术，继承和发扬崇明的酒文化，广开就业门路，发展生产，为提高人民生活水平做出有益的尝试。

学习崇明老白酒酿造必须熟悉掌握下列基本流程和基本技术：选米、浸米、冲洗、蒸煮、淋水、落缸、筑窝、冲缸、榨酒、灌装、储藏等。

第2章

酿酒的主要原料

崇明老白酒所用的原料为三种：大米、酒药和水。人们习惯上将大米、酒药和水分别比喻为酒之肉、酒之骨和酒之血。这实际上是说只有骨骼健全、血肉丰满才是健康正常的，可见对酿造崇明老白酒所用的原料质量要求之高。如果忽略或轻视了原料的质量，那么在酿酒的起点上就失败了。

第 1 节　米

学习目标

- 了解籼米、粳米和糯米的特征，正确识别米的种类
- 理解酿酒选择新米及精白程度高的米的好处
- 了解粳米和糯米酿酒的特点
- 掌握优质米的特征及判别方法

知识要求

只有用优质的原料才有可能酿成味美的佳酿，所以要想老白酒质量好，首先就要精选粮食，严把粮食质量关。酿造崇明老白酒的粮食原料就是米。

一、米的种类

米的种类很多，我国和国际市场通常根据粒形和粒质把米分为籼米、粳米和糯米三类。

1. 籼米

籼米是指用籼型非糯性稻谷制成的米。籼米的米粒呈细长（见图 2—1）或长圆形，长者长度在 7 毫米以上，蒸煮后出饭率高，黏性较小，米质较脆，加工时易破碎，横断面呈扁圆形，颜色呈白色透明的较多，也有半透明和不透明的。根据稻谷收获季节，籼米分为早籼米和晚籼米。早籼米米粒宽厚而较短，呈粉白色，腹白大，粉质多，质地脆弱易碎，黏性小于晚籼米，质量较差。晚籼米米粒细长而稍扁平，组织细密，一般是透明或半透明的，腹白较小，硬质粒多，油性较大，质量较好。

中粒米粒形长圆，较之长粒米稍肥厚，长宽比值为 2～3，一般为半透明，腹白多，粉质较多，煮后松散，食味较粗糙，质量不如长粒米。我国两湖、两广、江西、四川等地所产的大米多属中粒米。

泰国大米根据大米的长度分为特长型（7 毫米以上）、长型（6.6～7 毫米）、中型（6.2～6.6 毫米）和短型（6.2 毫米以下）四种。

2. 粳米

粳米是指用粳型非糯性稻谷碾制成的米，米粒一般呈椭圆形（见图 2—2）或圆形（见图 2—3）。米粒丰满肥厚，横断面近于圆形，长宽比值小于 2，颜色蜡白，呈透明或半透明状，质地硬而有韧性，煮后黏性、油性均大，柔软可口，但出饭率低。

图 2—1　长粒籼米

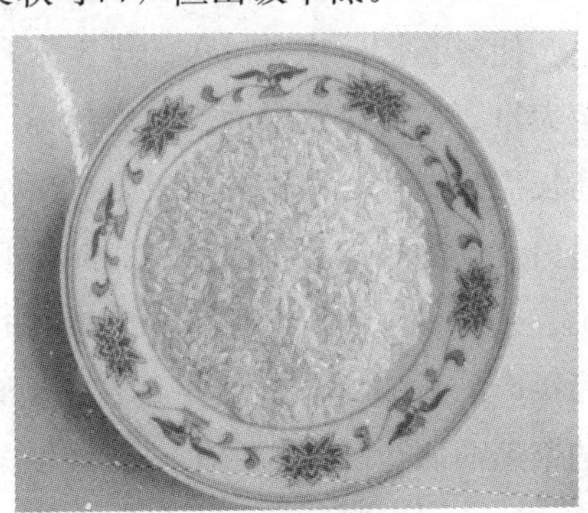

图 2—2　椭圆形粳米

根据收获季节不同，粳米又分为早粳米和晚粳米。早粳米呈半透明状，腹白较大，硬质粒少，米质较差。晚粳米呈白色或蜡白色，腹白小，硬质粒多，品质优。

3. 糯米

糯米（见图 2—4）又称江米，呈乳白色，不透明，煮后透明、黏性大、胀性小，一般不作为主食，多用来制作糕点、粽子、元宵等，以及作为酿酒的原料。

图 2—3　圆形粳米

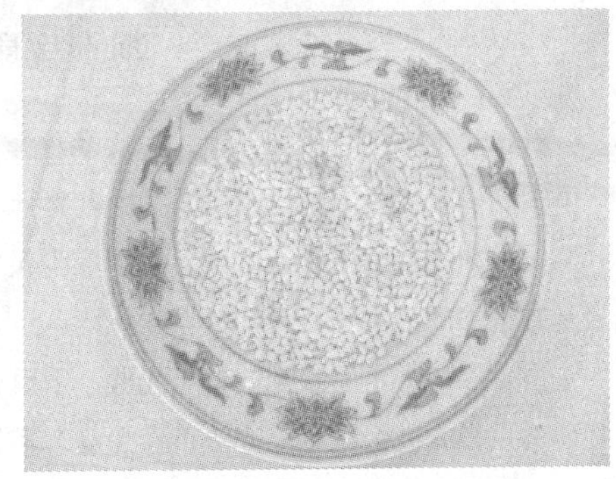

图 2—4　糯米

二、优质米的要求

酿酒所用的米最好是当年新米，饱满、新鲜，含水适量，无农药残留和霉变虫蛀，否则米中残留的农药将悉数进入酒中，而霉变中产生的毒素将影响酒的发酵和质量，这都是涉及食品安全的大事，必须重视。这里所说的新米是指收获后一年内的米，反之就是陈米。

酿酒者对糯米的质量要求是精白度高，黏性大，颗粒饱满，含杂质、杂米、碎米少，气味良好的上等优质糯米。酿造崇明老白酒要选择精白糯米，并且要求新米是脱壳后的糙米，外层（糊粉层）及胚部含有丰富的蛋白质、脂肪、维生素及灰分等。蛋白质、脂肪含量多，会使米酒带异味；过多的维生素和矿物质会使微生物营养过剩，发酵过旺，并易使生酸菌大量繁殖而导致米酒醪酸度超标。另外，使用糙米或粗白米时，米粒不易浸透，蒸煮时间长而且糊化和糖化的效果差，出饭率低，饭粒发酵也不易彻底等。因此，酿酒用米应选精白度高的糯米，蛋白质、脂肪含量低，淀粉含量相对较高，这样可以达到产酒多、香气足、杂味少，从而避免了令人难闻的怪味和异味，在储藏过程中不易变质等目的。

当年产的新糯米，在浸渍工序中繁殖大量乳酸菌产生微酸性环境，在发酵中可抑制产酸菌的繁殖而防止酸败，俗称“以酸制酸”，而陈糯米因经长期储存，内部物质发生化学变化，往往会引起脂肪变性，米味变苦，会产生油味而影响酒质。因此，酿造崇明老白酒的糯米原料，人们归纳为“精、新、糯、纯”四个字，这是有着充分的科学道理的。

这说明自古以来，人们就根据酿酒原料不同给酒分类，原料越好，酒越好，这与现代酿酒对原料的要求是基本相同的。

特别提示

判别优质米的方法

一看：看大米的色泽和外观。优质米色泽洁白，有光泽，呈白色或半透明状，米粒大小均匀、丰满光滑，无虫，不含杂质，很少有碎米、爆腰、腹白。

二闻：闻大米的气味。方法：手中取少量大米，向大米哈一口热气，然后立即嗅气味，优质米具有正常的清香味，无其他异味。

三摸：手摸大米的感觉。新米光滑，手摸有凉爽感。

四尝：尝大米的味道。方法：取少量大米放入口中细嚼，或磨碎后再品尝。优质大米味佳，微甜，无任何异味。

酿酒一般用糯米或粳米，以糯米最好。

三、糯米酿酒的特点

上等的好酒都是用糯米酿制而成的。糯米中胚乳含多支链淀粉，富含蛋白质和多种维生素、硫胺素、核黄素、尼克酸等，具有补虚、补血、健脾暖胃、促进人体微循环的作用，有利于人体新陈代谢。糯米中的淀粉分子多呈支链型结构，并且95%以上为支链淀粉，所以容易蒸熟糊化，黏性大，糖化发酵效果好，残渣（糟）少，酒液清，较醇和；同时，发酵后，在酒中残留的糊精和低聚糖较多，酒质醇厚甘润。

四、粳米酿酒的特点

粳米也可酿酒，但粳米的淀粉分子多呈直链型结构，对糖化发酵有所影响，残渣（糟）多，出酒率比糯米低。然而，优质的粳米也能酿出口味醇和的好酒。全国各地优质的大米品种很多，如黑龙江五常市种植的“五常稻花香大米”、牡丹江的“响水贡米”和崇明的“寒优湘晴”等。

就“寒优湘晴”来说，它的特点是质软、心白，吸水快，易糊化，膨胀小，进入糖化发酵时相对平稳，易控制，酒体较柔和，非糖固形物高，辛辣味较淡，入口别有风味。在没有糯米的情况下，粳米也是较理想的酿酒用米。

技能要求

正确识别米的种类

操作准备

准备好籼米、粳米、糯米各三盆，并且排列成三组，编号分别为1、2、3。

操作步骤

步骤1　抽取组别。

步骤2　根据抽取的组别认真观察各盆中米的颜色和形状。

步骤3　根据从左至右的原则写出所看到的米的种类。

掌握优质米的特征及判别方法

操作准备

准备好、中、差的粳米和糯米各一盆，然后编号。其中好的米粒饱满有光泽，中等的米粒不太完整，差的米粒有霉变或虫蛀。

操作步骤

步骤 1　认真观察所放置的每盆米的外观。

步骤 2　正确指认优质米的编号，并且说出它们的具体名称。

相关链接：

糯米、籼米和粳米淀粉分子结构的不同和酒质的优劣

吃过糯米饭的人都知道，糯米饭特别耐饥不易消化，故老年人、儿童及胃不舒服的人不宜多吃。糯米、籼米和粳米的主要成分都是淀粉，淀粉的分子连接成直线状的，称为直链淀粉；连接成分支状的，称为支链淀粉。支链淀粉含量越高，米质越富黏性；反之，直链淀粉含量多，则米质松散不黏。糯米的支链淀粉含量高达 99%以上，所以米质最黏、最耐饥，也最适合酿酒；粳米含直链淀粉 16%～24%，平均含量 21%，黏性便差于糯米；籼米含直链淀粉 16%～32%，平均含量 26%，黏性最差、最不耐饥，也最不宜酿酒。附带需要指出的是，糯米不是籼米和粳米以外的另一种稻米，籼米和粳米中都有支链淀粉含量高达 100%的米，分别被称为籼糯或粳糯，由于这样称呼太麻烦，通常把籼糯和粳糯合称糯米，非糯的籼米和非糯的粳米简称籼米或粳米。籼糯和粳糯外形的区别是：籼糯的米粒细长，粳糯的米粒短圆，至于支链淀粉的性质，两者完全一样。

其次是蛋白质含量与酒味是否醇正有关。蛋白质含量越高，酿成的酒杂质越多，酒味杂而不纯。籼米的蛋白质含量为 9%～12%，粳米和糯米的蛋白质含量相近，为 7%～9%，所以用籼米酿的酒品质最差，粳米因为直链淀粉含量高，所酿的酒也不如糯米。

第 2 节　酒　　药

学习目标

➢了解酒药的结构及酒药与酒质的关系

➢掌握酒药用量要求及选用酒药的注意事项

知识要求

一、酒药的结构

酒药也称酒曲，也就是酵母菌种，它生长繁殖的过程就是分解淀粉的过程，淀粉分解成葡萄糖和水，葡萄糖再分解成酒精和水。酒药被称为“酒之骨”，酿制崇明老白酒的“八二曲”是人为进行根霉菌、酵母菌分开纯种培养，通过合理搭配，从而使糖化和发酵得到平衡，保证了崇明老白酒质量的稳定，且能够提高出酒率。酒药有块状（见图 2—5），一般用来酿甜酒；也有粉状（见图 2—6），它以麦皮、糠皮或米粉接种根霉菌、酵母菌而制成。

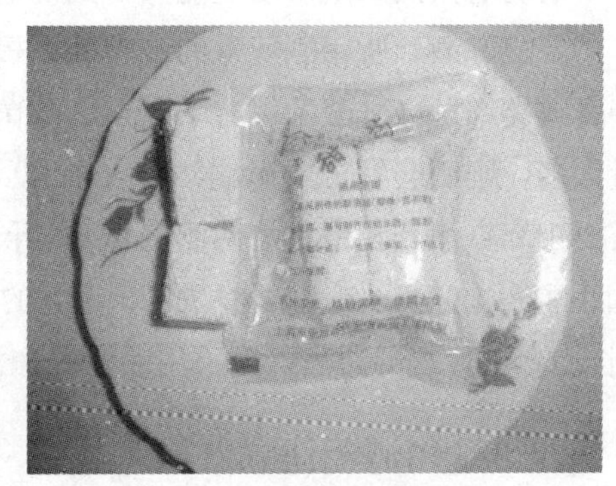

图 2—5　块状甜酒药

二、酒药与酒质的关系

酒药是形成酒质优劣、风格和特色的关键。只有使用高品质的酒药酿酒才能保证较高的出酒率和优良的酒质。不同的酒药会使酒形成不同的特色和风格。酒药是酵母菌的载体，若以霉变的酒药来酿酒，则霉菌在发酵缸中既有生长的温度又有适宜繁殖的湿度，霉菌会很快繁殖，以至于造成烂缸。过期的酒药，药效减小，用药量不能正确把握。因此，在购买酒药时一定要注意生产日期。一般来说，在保质期内，又未经受潮霉变的酒药就可以用来酿酒。

a)

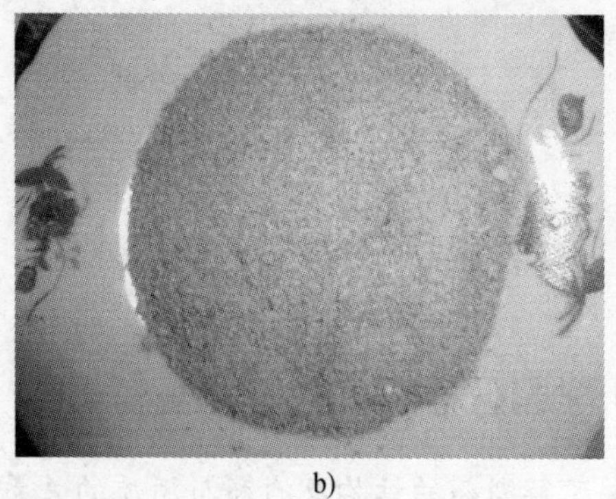
b)

图 2—6　粉状酒药

a）米粉接种的酒药　b）以麦皮、糠皮或米粉混合接种的酒药

三、酒药用量要求

崇明老白酒采用市场上能买得到的老酒药，有本地所产，也有从外地运来的。

要酿好酒，所用酒药量的多少关系极大，若酒药配比太小，酒精浓度不够，容易使一些腐败类细菌（乳酸菌等）繁殖，乳酸菌在代谢过程中会产生乳酸，从而使酒变酸。若用量太多，则酒会发苦或影响酒味。所以，按照说明书选取用量，一般情况下，25 千克米需要 150 克酒药，俗称 3 两酒药做 50 斤米。若气温过低，酒药最多不超过 250 克，俗称 5 两酒药做 50 斤米。总之，酿 25 千克的酒，所用酒药在 150～250 克之间（即 3～5 两之间）。有人喜欢喝甜酒，可采用甜酒药酿酒，但要按酿甜酒的要求适当增加用量。

四、选用酒药注意事项

我们所用的酒药并非纯种酒曲，有许多杂菌在内，但这并不影响用其酿酒。但是，当其中有益的菌种死去太多，而衍生了许多有害的杂菌时，就会严重影响米饭的正常糖化发酵，而不能酿出好酒来。所以，应挑选在保质期内且不霉变的酒药来酿酒。

技能要求

正确选用酒药

操作准备

准备好酒药，有点发霉的酒药、说明书模糊的酒药、新鲜的酒药各一份。

操作步骤

步骤 1　认真观察各类酒药。

步骤 2　正确选择可以使用的酒药。

根据提供的米的重量，计算酒药用量

操作准备

1. 酒药用量说明一份，本酒药符合米与酒药的配比：25 千克米，150 克酒药。
2. 提供米的重量为 50 千克，要求正确计算酒药用量。

操作步骤

计算：酒药用量＝50÷25×150＝300（克）

第 3 节　水

学习目标

➢了解酿酒用水的重要性及用水要求

➢掌握一般用水量与米量的要求及用水注意事项

知识要求

一、酿酒用水要求

1. 水是“酒之源”

水在制酒曲、酿造发酵过程中是必不可缺的主要原料，没有水，酿酒过程中微生物就不能生长繁殖，米中的淀粉就不能糖化发酵变成酒。总之一句话，没有水就没有酒。另外，没有好水也就没有美酒。如我国名酒中的山西汾酒，是用杏花村的井泉酿造的；茅台酒之所以好喝，也与茅台镇独特的地理环境，特别是酿酒时所取河水有很大关系。

2. 水中一些成分对酒质的影响

（1）水有软硬之分。水的软硬度是根据水中钙离子和镁离子的含量来计算的，这两种离子的含量越高，水的硬度就越大。钙、镁离子含量较多的水称为硬水，钙、镁离子含量较少的水称为软水。如从地层深处流出的泉水和深井水多属于硬水，雨水、池塘、小溪等地面水属于软水。水的硬度太高或过低，均不利于有益微生物的生长，并影响糖化发酵及酒质，特别是水中如果含钙、镁、盐过多，会引起酒的沉淀并产生苦味。

（2）碱度是指水中碱性物质总量，主要包括碱土金属中的钙、镁、亚铁、锰、锌等盐类。水中适当的碱度可降低酒醅的酸度。

（3）水中含铁过多会使酒带铁腥味。

（4）水中铜离子过高，酒会显蓝色。

（5）氯离子浓度过高，酒会呈咸味。

由此可知，对水的质量要求是：盐分低、硬度低、中性，无沉淀、无悬浮物等杂质，无有机杂质或有毒物质污染，无病原体、无色、无臭、无味，清亮透明，这样有利于酿酒微生物的正常活动。一般符合我国生活用水标准的水，都可作为酿造用水。

3. 崇明水源特点

崇明三面环江，一面临海，岛上无污染性工业，公害为零，地净水洁，空气清新，是全国罕见的自然生态区，故水质清洌、硬度低、酸度小、盐度低。由于水务部门的精心管理，且水源地优越，崇明的水体水质相当稳定，是理想的酿酒用水。

二、一般用水量与米量的要求

在酿酒过程中，所用的水量为米量的几倍甚至十几倍，其中淘米、浸米、淋饭均需用大量的水，在蒸饭时锅中要加水，拌药时也需适量的水，在发酵冲缸时所加水量的多少特别重要，如果冲缸水太多，酒的口感淡；如果冲缸水太少，酒精度相对较高。米与冲缸水的比例为1∶1～1∶1.2，一般为1∶1，即1千克水冲1千克米。这样，25千克糯米可酿制成50千克左右的老白酒。

不同米种吸水情况见表2—1。

表2—1　　不同米种吸水情况　　%

	浸米吸水率	蒸饭、淋饭吸水率	总吸水率
糯米	35～40	55～60	90～100
粳米	30～35	80～85	110～120
籼米	20～25	120～125	140～150

表 2—1 中，吸水率$=\frac{\text{吸水重量}}{\text{原料重量}}\times 100\%$。

三、用水注意事项

工业污染的水和被生物污染的水，都不能作为酿造用水。

自来水中的漂白粉有明显的杀菌作用，在酿酒用水中含适量的漂白粉可以杀去一些杂菌，但是过量也会杀掉一些酵母菌，从而影响酵母菌的正常发酵。同时，如果漂白粉量过大，造成气味太浓，将严重影响酒质和酒味，应拒绝使用。为了解决这个问题，可以将这种水先放在盛水桶中让气味散发后再用。

第 3 章

酿酒设施与工具

学习目标

➢熟悉酿酒的主要设施与工具

➢掌握发酵缸材质和不同季节保温物的选择方法

知识要求

农家酿造崇明老白酒，需要一定的设施与工具，一般并不需要特定的和专用的设施与工具，尽量利用家中已有物品，这样可以减少投入、减轻负担。

一、酿酒的主要设施

1. 操作间与发酵缸放置间

操作间与发酵缸放置间两者可以合一，要求清洁、通亮，且便于操作。若放置发酵缸，则要求门窗密封性好，便于保温。

2. 灶头

灶头是用于蒸饭的，可以是农家大灶（土灶，见图 3—1），也可以是液化气灶、电饭锅，近来有些人家使用单孔蒸汽炉（见图 3—2）、电蒸箱（见图 3—3）等，只要能将米蒸熟即可。但是，由于酿酒所需米量较多，所以酿酒者通常选用成本低且方便的蒸饭工具大灶，有条件的可用单孔蒸汽炉或电蒸箱。

图 3—1　农家大灶及铝质蒸笼

图 3—2　木质蒸笼和单孔蒸汽炉

1—木质蒸笼　2—单孔蒸汽炉

二、酿酒的主要工具

酿酒的主要工具包括蒸笼、发酵缸、榨酒器具、澄清桶、酒坛，以及与发酵缸相配套的保暖设施、温度计和发酵缸的缸盖等。

1. **蒸笼的选择**

蒸笼的形状是圆桶形，底部漏空，底部直径与锅口直径相一致，高度为16～18厘米。材质可以是木质的（见图3—2），也可以是铝质（见图3—4）和不锈钢质的，但推荐使用木质蒸笼，最好是杉木蒸笼，并且是老杉木所做的蒸笼。老杉木蒸笼的吸水性和透气性强，蒸汽不容易倒流，使靠近蒸笼壁的米饭松软不糊，从而使蒸熟的米饭均匀一致，发酵效果易控制，而且环保。不锈钢的蒸锅传热快，但是蒸笼壁容易回汽水。

图3—3　电蒸箱

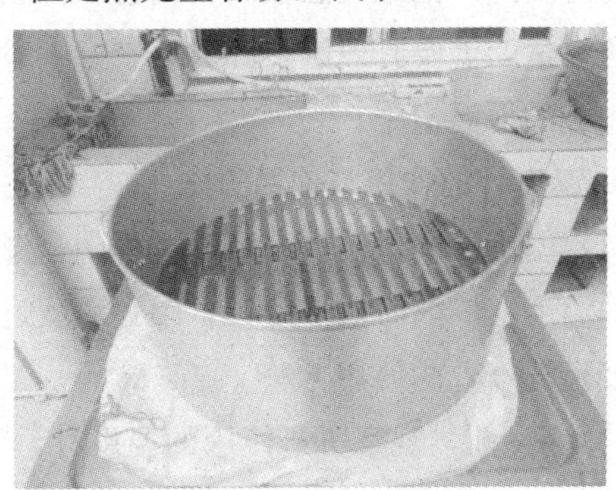

图3—4　铝质蒸笼

2. **发酵缸材质的选择**

发酵缸以陶缸（见图3—5）为佳。陶缸以优质纯天然陶矿石为生产原料，具有不浸不漏、透气性好、吸水率低、耐酸碱和耐腐蚀等特点，并且陶缸化学性质稳定，缸口大，便于操作，最宜酿酒。

图3—5　陶缸

3. **酒坛**

酒坛一般选用陶质的，形状是上口小，易于封口。

4. **发酵缸的缸盖**

发酵缸的缸盖用于盖在发酵缸的上口，它的大小与缸口大小一样或略大于缸口，一般用稻草编成，外面包上一块清洁布，这样既通气又不使稻草掉进缸内。

5. 不同季节保温物的选择

与陶缸配套的保温物有保暖被、草帘子（用稻草编成的）和麻被单等。崇明在 4 月和 10 月，日均最高气温为 23～24℃，最低气温为 15～16℃，使用的保温物为较薄的被单和麻袋；随着温度的降低，保温物应逐渐加厚。厚的保温物主要用于冬春之际，气温较低时以保暖促发酵。如果气温较高，则无须保暖被，用了反而有害。其实在米饭发酵时会产生很大的热量，需要有效散热降温。农家一般按照晚上睡觉使用被子的情况来决定对发酵缸采取相应的保温措施。

6. 温度计的作用与使用方法

（1）温度计的作用。在酿酒过程中，温度的控制很重要，使用温度计可以测量米饭拌药时的温度、养醅时的温度等，因为温度过高或过低都不利于米饭糖化发酵。

（2）温度计的使用方法

1）测量前，观察所要使用的温度计，了解它的量程（测量范围）和分度值（每一小格对应的温度值）。

2）测量时使温度计的玻璃泡与被测液体充分接触（要浸没在被测液体中）。

3）温度计有热惯性，应在温度计达到稳定状态后读数。读数时应在温度凸形弯月面的最高切线方向读取，目光直视。正确记录的测量结果要有数字和单位。

4）读数时温度计的玻璃泡要留在被测液体中，不能取出来读数。

相关链接：

崇明四季气温情况　℃

季节	春季	夏季	秋季	冬季
日均最高气温	14	28	28	12
日均最低气温	6	21	20	4

崇明全年平均气温情况　℃

月份	1 月	2 月	3 月	4 月	5 月	6 月	7 月	8 月	9 月	10 月	11 月	12 月
日均最高气温	8	9	13	19	24	27	32	32	28	23	17	11
日均最低气温	1	2	5	11	16	21	25	25	21	15	9	3

第 4 章

酿酒的工艺流程

第 1 节　酿酒前的准备

学习目标

➢了解酿酒前用具消毒的重要性和放置发酵缸的环境要求

➢熟悉操作人员的个人卫生要求

➢掌握淘米器具、浸米器具和蒸笼的刷洗清理方法，以及发酵缸和盛饭器具的消毒处理方法

知识要求

为了使酿酒顺利进行，必须做好必要的实物准备和卫生条件准备。

一、实物准备

为保证酿酒工艺流程顺利进行，需事先做好如下准备：采购酒曲和大米，准备浸米器具、蒸饭用的灶具蒸笼、发酵缸、储存酒的器皿、保暖物品及酿酒用得到的其他材料等。

二、卫生条件准备

在酿酒中必须对要使用的有关用具进行消毒，以确保所酿酒的质量。

1. 用具消毒

（1）用具消毒的重要性。崇明老白酒酿制过程中最重要的一环是糖化发酵，这一阶段是在敞开状态下进行的，而此时发酵缸中拌了药的米饭处于常温状态，且营养十分丰富，水分适中，这正是各种细菌繁殖发展的极好场所。有害菌一旦进入其中，将直接影响米饭的正常糖化发酵，造成烂缸、酸缸和臭缸等严重后果。为了避免有害菌的进入，必须在蒸饭前对各种与酿酒有关的器物进行彻底消毒，包括淘米器具、浸米器具和蒸笼的刷洗清理，以及发酵缸和盛饭器具的消毒处理。

（2）用具消毒的方法

1）淘米器具的消毒。淘米器具一般是用竹条编制成的筲箕（见图 4—1），在用来淘米之前，必须用刷子对其进行刷洗，特别是筲箕的里侧。

2）浸米器具的消毒。浸米器具可以是家用的脸盆、木盆等，也可以用发酵缸，但在浸米前也必须对其进行清洗消毒。一般情况下，用干净的抹布，加上适量的温水对其进行擦拭，再用清水漂洗干净即可。

3）蒸笼的消毒。家庭酿酒一般都是用蒸笼来蒸饭，还要配上适量的用于叠在蒸笼底部的布。在蒸饭前，首先要把木蒸笼放置在水里浸透，避免在蒸饭时出现散架的现象，然后清洗干净。下面的叠布更要经过高温消毒。

4）发酵缸的消毒

①高温消毒法。可以用开水烫，就是将水烧开后，温度达到 100℃，倒入发酵缸中，盖上盖子，闷泡一段时间；也可以用开水浇缸内壁两次进行泡缸（见图 4—2），这样不仅可以用高温的水杀死细菌，而且也能够保持发酵缸体的适当温度，使缸的温度适合发酵。有条件的话可以用高温蒸汽直接消毒，也可以将发酵缸放在烈日下暴晒，然后用开水浸泡清洗。

这里要强调的是，一定要将清洁的水烧开后再使用。

图 4—1　筲箕

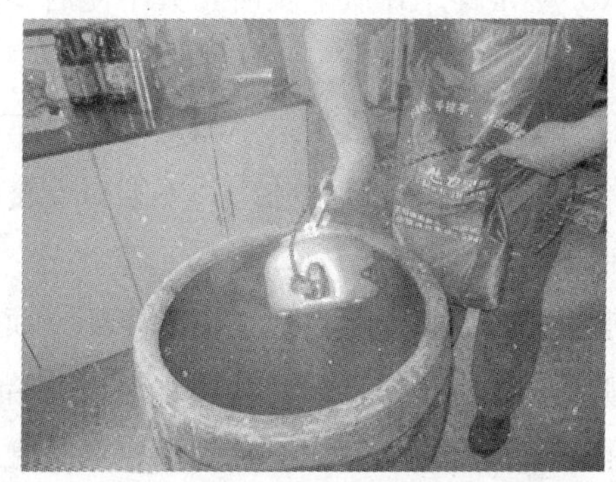

图 4—2　泡缸

②药物消毒法。用食品级的消毒液稀释浸泡 24 小时以上，再用清水冲刷。用 75°的酒精擦洗，采用比重是 0.873 的酒精擦拭容器、工具，酒精杀菌在医疗方面用得比较多；也可以将高锰酸钾稀释后用于消毒。

③石灰水消毒法。将发酵缸洗刷干净并用沸水和石灰水泡洗，用时再用沸水泡缸一次，达到消毒灭菌的目的。

④注意事项。使用泡缸消毒法，可以在米饭落缸前进行。使用药物消毒法、石灰水消毒法时，要提前消毒，以免药物残留，最后必须用清水漂净，不留药味，以免影响酒的口味。不管用以上哪种方法消毒，最后必须将缸内擦干净。发酵缸消毒后，缸盖要加干净的且经过日晒杀菌的布套。

5）盛饭器具的消毒。酿酒用的米饭蒸熟出锅后还要进行淋水、拌药，所以要盛放在比较大的器具里，这样拌酒药时才能拌透拌匀。家庭用的是用竹片编制的篮，平时用它来晾晒东西，清洁程度不高，要特别注意清洗。可以用刷子进行刷洗，再用清水冲刷干净，并用开水浸泡。

6）抹布分类使用，经常搓洗、消毒。食品用具应定期清洗消毒，不混用、不乱用。对不符合食品安全标准要求的用具应及时更换。

2. 对操作人员的个人卫生要求

（1）操作人员取得健康证后方可参加工作。

（2）操作人员必须勤洗澡、勤洗手、勤剪指甲。

（3）勤洗衣服，勤换工作服；进入操作间应穿工作服，戴口罩、手套和帽子，头发必须全部藏入帽内。

（4）定期理发，不留长胡须。

（5）岗上不戴戒指、手表、手镯等首饰，不涂指甲油。

（6）不准穿工作服上厕所，大小便后要洗手消毒，以免给酒中带入大肠杆菌等其他有害菌。

（7）工作时严禁吸烟，不嚼口香糖、不进食。

（8）工作时不能随地吐痰，不准对着食品咳嗽或打喷嚏，自觉遵守卫生制度。

3. 对环境的要求

崇明老白酒在酿制过程中很重要的一项是对环境的要求。对放置发酵缸的环境要求是整洁明亮，保持干燥，空气流通，无鼠害和虫害，也不能有小动物（诸如狗或猫）出入。酿酒前可用消毒液喷洒，发酵间内要尽量减少人员的出入。

技能要求

对发酵缸的消毒处理

操作步骤

选择发酵缸，采用泡缸消毒法。

步骤 1　用清水将发酵缸里外清洗一遍。

步骤 2　根据发酵缸容量的大小烧开所需要的水。

步骤 3　将烧开的水浇于缸的内壁，共两次。

步骤 4　在缸口盖上盖子，闷一定时间。

第 2 节　浸　　米

学习目标

➢了解准确称米、淘米的目的

➢熟悉浸米的时间与水位的高度要求

➢掌握米是否浸透的鉴别方法

➢熟练掌握浸透米的特征

知识要求

一、准备

1. 选米

挑选新鲜、饱满、无霉变虫蛀的优质糯米作为原料，最好是当年所产的新鲜糯米。

2. 称米

将所选好的米进行称重，记住其准确的数量。准确称重的目的是在冲缸时按比例确定用水量，使酒的浓度达到一定要求。

3. 淘米去杂质

将称好的米进行淘洗，除去糠皮、浮渣等杂质，以水无白浊为度，然后浸米，从而确保酿酒质量。也有的先浸米，后淘米。

二、实施

1. 浸米时对水量的要求

准备一个适当的容器来浸米，米与水的比例为 1∶1.5 左右，或以水面高出米面 8～10 厘米为准。在泡米过程中注意随时补水，确保米被浸透（见图 4—3）。

2. 浸米器具

传统方法的浸米器具大都用缸或坛，也可以用食品级的塑料桶或盆。当然，工厂化生产酒时浸米采用浸米罐等。

3. **浸米时间要求**

图 4—3　浸米

浸米时吸水速度的快慢，与米的品质有关。一般来说，糯米的吸水速度比粳米快；大粒米、软粒米、精白度高的米，吸水速度快，吸水率高。用软水浸米，水容易渗透；用硬水浸米，水分渗透慢。浸米时水温越高，吸水速度越快，但有用成分的损失也多。所以，浸米时间一般根据气温和水温高低（大都采用常温）、米质软硬、米的种类和精白程度、水质来决定，一般糯米需要 12 小时左右，粳米需要 24 小时左右。气温高时可缩短浸米时间，反之则延长。总之，必须让米吸足水分。浸米吸水量为 25％～30％（吸水量是指原料经过浸渍后含水百分数的增加值）。

4. **浸透米的鉴别**

浸米的程度一般要求米的颗粒保持完整（见图 4—4），对于怎样检验米是否浸透，可将少许米粒置于手指间搓捻，易于搓碎并呈粉状即为浸透（见图 4—5），但是不可过度或不足。这样的米有助于蒸饭时达到饭粒疏松、无白心、透而不烂、熟而不黏的效果。若没有浸透，蒸的饭就是夹生饭。

图 4—4　浸透的米

图 4—5　浸透米的鉴别方法

技能要求

浸透米的鉴别

操作准备

浸透的米、未浸透的米各一盆。

操作步骤

步骤 1　在每盆米中拿少许米粒置于手指间。

步骤 2　将米进行搓捻，易碎即为浸透；反之，就是没有浸透。

第 3 节　蒸　　饭

学习目标

➢了解米饭蒸熟蒸透的作用

➢熟悉蒸饭的过程

➢掌握蒸饭的技术

知识要求

在酿酒过程中，蒸饭是一个极为重要的环节，饭蒸得好坏，严重影响酒的质量。所以，在蒸饭过程中要环环抓好，不得马虎，如枕腰的垫放要求、蒸笼的放置、饭熟透的要求与判断、火候大小等。

一、大灶蒸熟饭一般所需时间

将浸好的米沥干上笼，大火蒸熟。

蒸饭时间视具体情况而定，一般大灶需 30 分钟左右，使用蒸汽则较短，以米饭无夹生白心、颗粒完整为宜，注意不可过久使米饭糊烂。但更重要的是，米饭必须全部蒸熟蒸透，否则在发酵时会形成异质、产生异味，严重影响酒的质量。

二、米饭蒸煮的质量要求

米饭蒸煮的质量要求是：蒸熟蒸透，熟而不糊，透而不烂，内无白心，成熟一致，外硬内软，疏松均匀，这是理想的米饭（见图 4—6）。

太湿的饭，俗称烂饭，它不利于淋水与搭窝。而蒸饭中产生烂饭的可能性不大，这种现象是由于煮饭过程中锅中的水放得太多引起的。太干的饭，饭中水分不足，不能保证酿酒所具备的条件。夹生饭不利于发酵，产酒率低。

图 4—6　蒸熟蒸透的理想米饭

三、米饭蒸熟蒸透的作用

（1）蒸饭是为了使糯米中的淀粉加热糊化，便于糖化发酵。将糯米蒸熟或煮熟，是为了让糯米的淀粉等有机物变性，从而有利于发酵。

（2）蒸饭也起到灭菌的作用。因为酵母菌在一定的温度和湿度下开始工作，把蒸熟的糯米饭转化为淀粉，由淀粉再转化为葡萄糖、氨基酸和果糖等营养成分。所以，把饭蒸熟蒸透是酿酒的重要环节。

（3）蒸饭也可以挥发掉原来的怪味，使米酒味更醇正。

四、大灶蒸饭

1. 锅中置水

正确的置水量为70%左右，水太少（见图 4—7）往往造成饭未熟而将水烧干，添水再蒸也会影响蒸饭的质量。水太多（见图 4—8）容易造成沸水上喷，使蒸笼底层的米煮糊，影响通气，延长蒸饭的时间甚至失败。

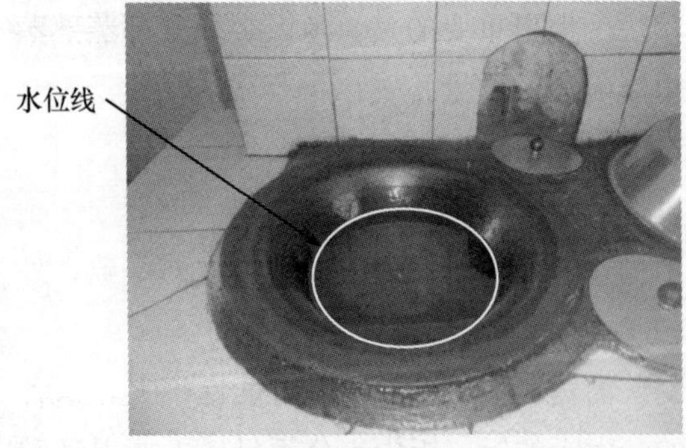

图 4—7　水太少

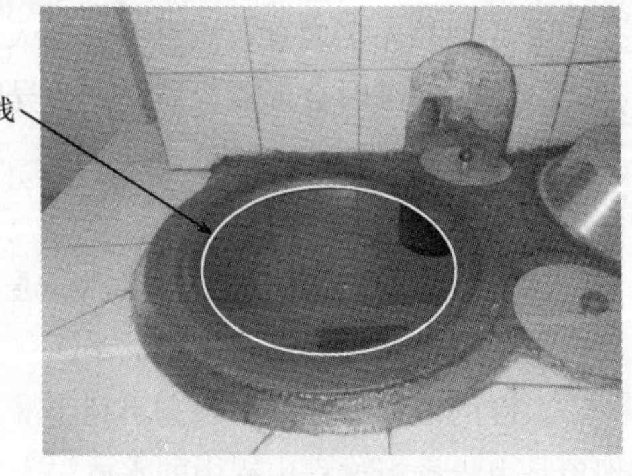

图 4—8　水太多

2. 锅内放浮物

在锅内均匀地放置一把筷子（见图 4—9）或其他浮物，目的是压低水的沸腾高度，不使水花冲到笼底的米中，使得笼底米饭变糊。

3. 锅边上铺枕腰

枕腰（见图 4—9）以清洁棉布或毛巾浸湿后使用为宜，沿着锅边均匀地围一周，再将蒸笼放在上面（见图 4—10），轻轻放平压实，它能防止锅中蒸汽沿锅与蒸笼的结合部外逸。枕腰尽量不要拖在锅内，防止水通过枕腰渗到锅外边。

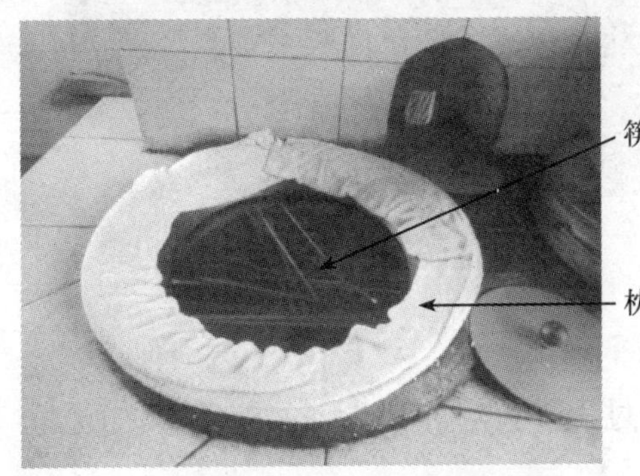

图 4—9　锅内放浮物并垫枕腰

图 4—10　蒸笼放在锅上

4. 笼底放垫子

在笼底铺一块细纱网布或丝瓜络（见图 4—11），其目的是不让米从笼中漏入锅内。细纱网布的大小应大于或等于笼底的大小，且要铺平。

5. 米上蒸笼

将笼放置于铺上枕腰的锅上，把洗净沥干的米放入笼中，米与笼口留出 1/4 的空间，蒸的时候不盖锅盖（见图 4—12）。一般来说，一蒸笼用米 12.5 千克。

图 4—11　笼底放垫子

图 4—12　米上蒸笼

6. **火势控制**

火势要大而匀（见图 4—13），烧柴升温，使蒸汽从米粒间隙中上升（见图 4—14），从而让米逐步加热，直至上部米粒全部由乳白色变为透明颜色，喷出香味，即为熟透。

图 4—13　火势大而匀

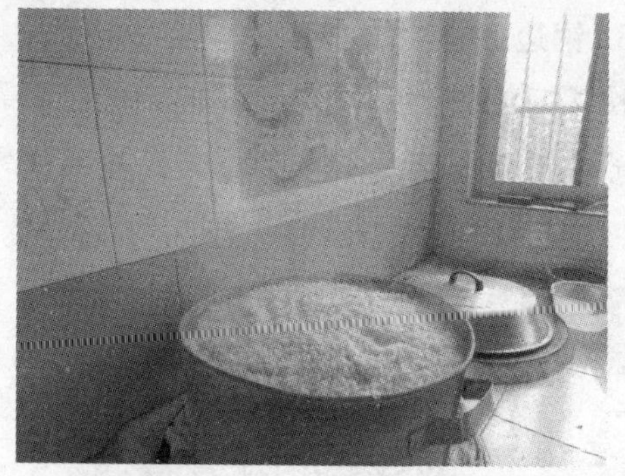

图 4—14　蒸汽从米粒间隙中上升

7. **加盖焖蒸**

最后加盖，再焖蒸 5 分钟左右，完成蒸饭全过程。

五、单孔蒸汽炉蒸饭

步骤与大灶蒸饭类似，根据购买时的说明书进行操作。

技能要求

蒸　饭

操作准备

1. 铁锅 1 口。
2. 枕腰若干条，有厚有薄，长度大于、等于、小于蒸笼底周长各 1 条。
3. 勺子 1 把。
4. 盛有水的桶 1 个。
5. 蒸笼内垫子 3 个（直径分别大于、等于、小于蒸笼底）。
6. 筷子 1 把。
7. 放置铁锅的架子 1 个。

操作步骤

步骤 1　铁锅内注水，注水高度约是锅高度的 70%。

步骤 2　铁锅边沿垫枕腰。选用平整的、柔软的棉胎条或干净的毛巾做枕腰，垫放厚薄均匀，不落入锅中的水里边。

步骤 3　锅中加浮物，把筷子放入锅中。

步骤 4　蒸笼放置在铁锅上。将蒸笼轻轻地放置在铁锅上，适当压实，使得蒸笼与枕腰之间的锅边无缝隙。

步骤 5　蒸笼内放垫子。选用直径大于或等于蒸笼底的垫子正确放置。

步骤 6　往蒸笼里倒入浸好的米，把上面粗糙的地方抹平。

步骤 7　大火烧，直至笼中米饭全部熟透。

步骤 8　盖上锅盖蒸 5 分钟左右。

第 4 节　淋　　饭

学习目标

- 了解淋饭的作用
- 熟悉淋饭后的温度要求
- 熟练掌握淋饭的技巧

知识要求

蒸熟后的米饭，必须经过冷却，迅速地把饭温降到适合于微生物繁殖或发酵的温度，才能使微生物正常生长。

米饭的冷却方式有自然冷却、用吹风机冷却和淋水冷却等。

一、淋饭的概念

1. 淋饭的含义

淋饭也称淋水，淋饭冷却是指用清洁的冷水从米饭上面淋下，使米饭降温。用这种方法降低米饭的温度快速而方便，无论天气冷暖都可以灵活掌握，调节至所需要的温度。

2. 淋饭的目的

（1）经过冲淋的米饭，米粒完整光滑，米粒间能分离和通气，米饭疏松不板结，有利于好氧微生物的生长繁殖。因为米饭在糖化发酵时需要大量氧气，而板结的米饭会造成发酵不充分，易感染杂菌，影响酒的质量。

（2）在淋饭冷却中，还可适当增加米饭的含水量。

（3）有利于拌入酒药和搭窝。

3. 淋饭的要求

冲淋时要注意米饭的温度，不可降至过低，约 30℃即可，以不烫手为宜。温度过高或过低，入缸后都会影响酒曲的生长发育。

4. 淋饭的注意事项

（1）冲淋米饭时用水注意事项：不要淋水过多，让米饭太湿，使饭堆不起来，筑不成窝。太干的话，不利于发酵出酒浆。

（2）淋好水的饭，保持不滴水为宜。

二、淋饭的方法

1. 直接向蒸笼中的米饭淋水

米饭蒸熟后可连笼端下置于架子上，开始用适量清水从上向下冲淋，如图 4—15 所示，然后用前面滴下的温水继续冲淋，使其快速降温。

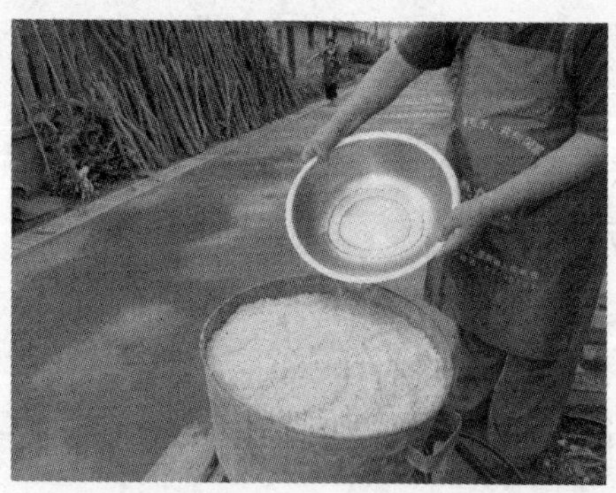

图 4—15　直接向蒸笼中的米饭淋水

2. 摊晾淋水法

摊晾淋水法如图 4—16 所示，其主要步骤如下：

（1）准备纱布和竹帘子（都需要消毒）。

（2）将饭倒在铺好的纱布和竹帘子上。

(3) 用清水进行冲凉，使饭迅速降温。由于对用水有要求，不能太多，所以还需要扒开摊晾，同时也能起到饭粒疏松的作用。

将饭倒在竹帘子上

用清水冲凉

摊晾

图 4—16 摊晾淋水法

3. 自然冷却法

自然冷却法是指把米饭摊在竹筵里，用铲子翻拌，使米饭自然冷却。自然冷却法可避免米饭表面的浆质被淋水洗掉。这种自然冷却的方法，需要工具多，冷却时间长，如遇卫生条件差和操作不当易沾染有害微生物，且易出现淀粉的回生老化现象（特别是粳米）。

4. 鼓风冷却法

鼓风冷却法是指利用家里的吹风机或电风扇迅速将米饭冷却。

特别提示

利用自然冷却法与鼓风冷却法将米饭冷却到 40℃左右时，还要用适量清水进行冲淋，使米粒分开，达到疏松的目的。

技能要求

淋饭操作

操作准备

热米饭5千克，清水1桶，淘箩（没有提手）1只，温度计1支。

操作步骤

步骤1　将热米饭放入淘箩里。

步骤2　倒入适量清水。

步骤3　一边倒水，一边测量饭的温度。

注意事项

（1）将饭的温度控制在26～30℃之间，寒冷的时候饭的温度可以在32℃左右，以不烫手为宜。

（2）米粒应完整光滑，米饭疏松不板结。

（3）饭的干湿适中。

第5节　落缸与拌药

学习目标

➢了解落缸的含义

➢掌握米饭落缸时的温度

➢能够根据酿酒米的多少选择大小适当的发酵缸

➢掌握酒药的分配及使用，把握拌药的时机及要领

➢能够熟练地拌酒药

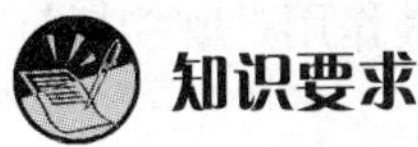

知识要求

一、落缸

1. 落缸的含义

将淋冷后的米饭沥去水分，放入发酵缸，称为落缸。从广义上说，把冷却的米饭倒入发酵缸，即称为落缸（见图 4—17）。

2. 米饭落缸注意事项

（1）米饭的温度要求。米饭落缸温度一般控制在 26～30℃之间，并视气温而定，在寒冷的天气里可高至 32℃。

（2）发酵缸大小的选择。发酵缸应该相对米饭的体积较大，通常米饭的体积占发酵缸的 1/3 左右（见图 4—18）。因为发酵后期还需要冲缸加水，故需事先留出适当的空间以免酒溢出。另外，在发酵过程中会产生一定的热量，空间大了也有利于散热。

图 4—17　落缸

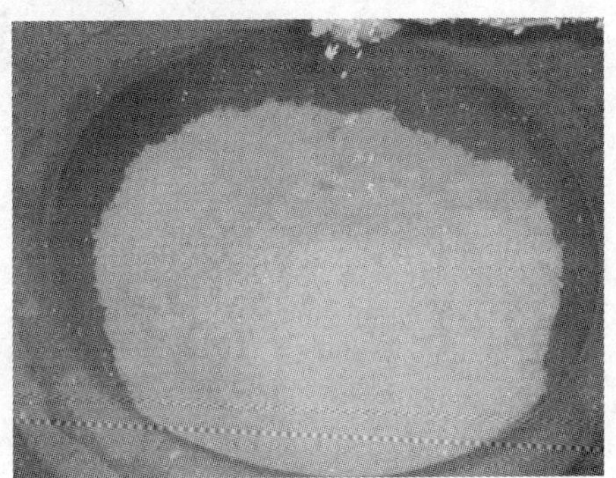

图 4—18　米饭的体积与发酵缸的大小

二、拌药

1. 拌酒药的含义

拌酒药是指将酒药均匀地拌入米饭中，如图 4—19 所示。

2. 酒药的分配及使用

由于各种酒药的活性参数并不一致，因此用药量的大小一定要按照酒药的说明书来选择。酒药量过少，会使酒精浓度不够，容易使一些腐败类细菌（如乳酸菌等）繁殖，乳酸菌在代谢过程中会产生乳酸，从而使酒变酸。酒药量太多，会使酒精度提高。

将按比例称量好的酒药分成两部分，分两次放入：第一次将总量的 4/5 拌入米饭中，第二次将剩余的1/5酒药均匀地撒在酒窝内壁及其上面（见图4—20）。其作用是既能抵抗外来异菌的侵入，又能让药性下沉，有助于米饭的全面发酵。

图4—19　拌酒药

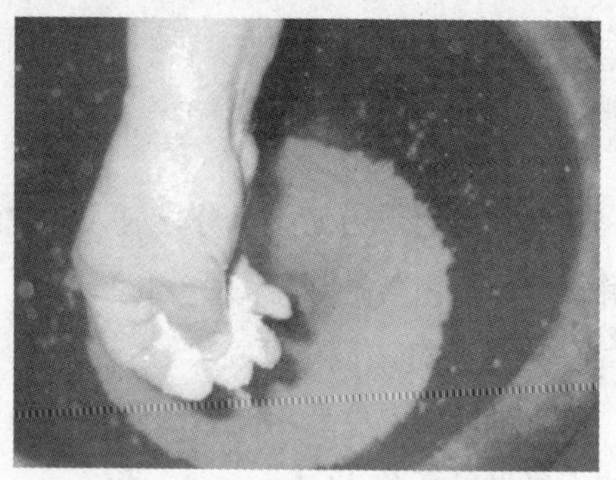

图4—20　将剩余酒药均匀地撒在酒窝上

也有人为了确保发酵更全面，先在发酵缸底撒上一些酒药（见图4—21）。

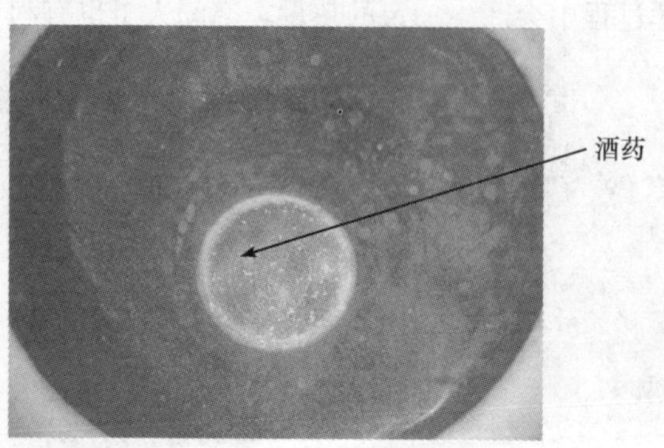

图4—21　缸底撒上一些酒药

3. 拌药的时机

米饭落缸后应及时将事先准备好的酒药倒入其中拌匀，温度在26～30℃之间为宜。

4. 拌药注意事项

（1）拌药时间不能过长，翻动次数过多，会迅速降低米饭温度，致使米饭变冷而粘连板结。酒药在缸内只要水分充足、温度合适，就会正常发酵，其酵母菌的繁殖速度很快，足以使缸内发酵达到平衡。

（2）拌酒药时，米饭温度超过35℃，酵母菌将休克而不能工作，一些耐高温杂菌即乘虚而入，迅速繁殖发展起来，造成烂缸。

三、对拌酒药与落缸顺序的补充说明

（1）关于拌酒药与落缸的顺序这里有一个说明，可以将淋好的饭放在一只大的竹箆里或竹帘子上，先拌酒药再落缸，也可以先落缸再拌酒药。前者需要工具多，占据地方大；相反，后者可以节省操作地方与工具，这也要根据各自的特点来实施。

（2）若需要蒸两笼完成一缸的酿酒任务，则先将第一笼饭完成拌酒药和落缸后，盖上盖子，等待第二笼饭熟后的加入。

技能要求

拌　药

操作准备

酒药 1 份，蒸熟的米饭 5 000 克。

操作步骤

步骤 1　根据米饭的重量计算用药量。计算公式是：150/250 000×米饭重量。

步骤 2　称酒药。

步骤 3　将酒药磨碎。

步骤 4　将磨碎的酒药取出 4/5 均匀地拌入饭中。

第 6 节　筑酒窝（挖酒酿洞）

学习目标

➤了解筑酒窝的含义和目的

➤熟悉筑酒窝的要求

➤能够熟练地按照要求筑酒窝

知识要求

一、筑酒窝的含义

在米饭中均匀拌入酒药粉末后，将米饭中央搭成圆台形的凹圆窝（见图 4—22），这个操作称为筑窝，也称“搭窝”。

二、筑酒窝的目的

图 4—22　已经搭好的酒窝

搭窝的目的是：

（1）有利于通气均匀，增加米饭与空气的接触面积，获得更多氧气，加快糖化菌的生长和酒液的渗出。

（2）为了增加米饭与空气的接触面积，有利于好气性糖化菌的生长繁殖，释放热量，故要求搭得较为疏松，以不塌陷为度。

（3）便于观察和检查糖液的发酵情况。

三、筑酒窝的要求

窝的大小根据缸的大小和缸内米饭的多少而定，酒窝筑成上口大、下底小的圆台状，酒窝深度要见缸底，尽量做大些。窝的四壁与上口抹平，但不能压实，保证米饭松散透气。

四、筑酒窝注意事项

（1）筑窝过程动作干练快速，不然会使温度下降太快，影响发酵质量。

（2）最后用干净的抹布擦净发酵缸内壁空余处及缸口，不留一粒米。

（3）对于自然冷却或用吹风机冷却的米饭，在筑酒窝之前，应在米饭内放入适量的常温水，并且轻搓，使米粒光滑、松散。用水量的注意事项与淋水的要求一样，不要用水过多，让米饭太湿，使饭堆不起来，筑不成窝。太干的话，不利于发酵出酒浆。

技能要求

掌握筑酒窝的技能及注意事项

操作准备

准备好 1 口发酵缸、2 500 克蒸熟的米饭和少许酒药。

操作步骤

步骤 1　将米饭倒入发酵缸中。

步骤 2　往发酵缸内灌入适量清水。

步骤 3　轻轻地将饭团搓开，使米粒光滑、松散。

步骤 4　将饭压平整，但是不压实。

步骤 5　用手抓起发酵缸中间的饭放在边上，把发酵缸中间的饭挖空，成为一个上口大、下底小的圆台形酒窝，酒窝深度见缸底，上口直径大小约是饭上口直径的 2/5～1/2。

步骤 6　窝的四壁与上口抹平，但不能压实，保证米饭松散透气。

步骤 7　最后将提供的少许酒药均匀地撒在酒窝内壁及上面。

注意事项

(1) 缸外边不能粘有米饭，缸口无米粒，缸内壁必须干净。

(2) 个人卫生做到：戴口罩、工作帽和围兜，手指甲剪短，两手臂清洁卫生。

(3) 将饭放入酒缸中动作利索。

第 7 节　保　　温

学习目标

➢了解保温的含义，保温物选取注意事项，农家保温的方法

➢熟悉发酵缸内米饭温度的要求

➢掌握根据季节选择保温物

➢能够熟练地将选择的保温物使用好

知识要求

一、保温的含义

对一般农家而言，保温是指发酵缸的外围保温，使发酵缸保持在30℃左右，确保正常发酵。

二、农家保温的方法

与陶缸配套的保温物，主要用于冬春之际，气温较低时以保暖促发酵。如气温较高，则无须保暖被，用了反而有害，其实在米饭发酵时会产生很大的热量，需要有效散热降温。农家酿酒一般根据农家朴素的经验来做保温工作，即按照人们当时的穿着和睡觉保温情况而定。发酵缸外边选取的保温物，根据季节的不同选择的保温物也不同。冬天和早春气温较低，应选择厚棉被或厚稻草裹于缸的四周；春秋选择薄被、薄草帘或被单，并且用绳子捆住。缸底要有垫物，确保底部不受地温的影响，大部分垫稻草，也有人用厚的海绵来垫底。在选择缸底垫物时，应选用平整度高而软的垫物，保证发酵缸不晃动。缸口盖上清洁的布，若天冷，则上面再盖一只麻袋或薄被，如图 4—23 所示。

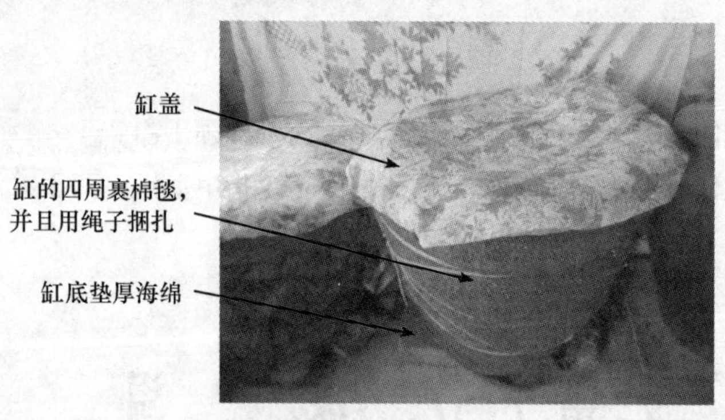

图 4—23　发酵缸的保温

三、发酵缸内米饭温度的要求

发酵缸内米饭温度过高或过低都不利于米饭糖化发酵，可用温度计测量发酵缸内的温度和米饭拌药时的温度，缸内温度以 26～30℃为宜。

四、保温物选取注意事项

（1）发酵缸的保温切忌使用尼龙纸，因为尼龙纸透气性差，使氧气不能参与发酵。

（2）其他保温物要保持清洁。

第 8 节　冲　　缸

学习目标

➤了解冲缸的含义

➤掌握冲缸的要求

知识要求

一、冲缸的含义

所谓冲缸，是指将清水冲入成熟了的酒酿之中。

二、冲缸的要求

1. 冲缸的时机（第一次发酵高峰的特点）

米饭在拌药入缸后，一般经过 24～36 小时便出现明显的发酵现象，此时酒香扑鼻，醪液渗出，在酒窝中逐渐积聚，有气泡翻出（见图 4—24）。经过 48～72 小时后，糖化发酵（第一次发酵）达到最高峰，窝内醪液积聚至 3/4 以上，并由浑浊变清，不再有气泡逸出（见图 4—25）。

2. 冲缸的步骤

（1）用铲刀将缸内酒醪划分成若干块，如图 4—26 所示。

（2）将成团成块的酒酿捣碎（见图 4—27），这也是一道必不可少的工序，使之与水均匀混合。其目的有三：一是为了进一步降温；二是为了促进进一步发酵；三是为了防止酒酿结团，滋生杂菌。

（3）倒入准备好的清水，如图 4—28 所示。

（4）缸口上盖好盖子，继续做好保温工作。

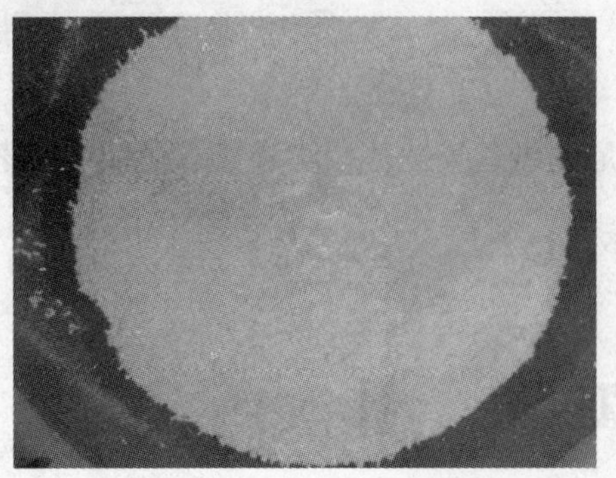

图 4—24　缸中有气泡翻出

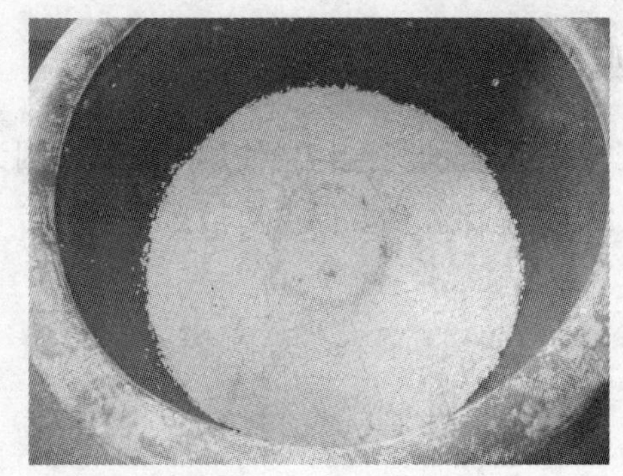

图 4—25　缸中停止冒泡

图 4—26　酒醪划块

图 4—27　将成团成块的酒酿捣碎

3. 冲缸的水质要求

冲缸用水的水质问题，以纯水为最好，自来水也可以，但是不能有漂白粉味。

4. 冲缸的水量要求

关于冲缸水的用量问题，并无明确的标准。用水量的多少将明显影响酒的质量、风味

图 4—28　倒入清水

和特色，酿酒者可根据自己的经验和爱好来确定用水量和米的比例。经过多次实践，定会总结出最佳的方案。这里的推荐方案为：按 500 克米添 500 克水来冲缸。

5. 冲缸的水温要求

至于冲缸用水的温度，通常使用常温下的清水即可。但在寒冬，因气温太低，应该用温水来冲缸。

三、酒酿保存时间长且不变味的方法

经过 48～72 小时后，糖化发酵（第一次发酵）达到最高峰，窝内醪液大量溢出。此时，米饭已变成了酒酿，具有很高的糖分，可以直接食用，十分香甜可口。喜欢吃酒酿的人，捞出几碗酒酿，俗称酒饭，在锅内高温蒸过，也可以放入冰箱，可以储存较长时间，使口味不变。

这里需要注意的是：酒浆被称作酒的原液，食用了酒浆会减少老白酒，在冲缸时应适当减少水量的倒入。

相关链接：

甜酒酿的吃法

1. 酒酿汤团

崇明人所称的汤团是指内包有豆沙、芝麻、萝卜或其他菜做成的馅。

制作方法：先将水烧开，再放入汤团，等汤团烧熟，再放入甜酒酿，少许时间即可盛起、食用。甜酒酿放多少，以食用者口味而定。

2. 酒酿水铺蛋

水铺蛋又名“水浦蛋”，通常用来招待客人或当作大年初一的早餐，以味美汤甜表示对来宾的尊敬，拉近主客关系，同时寓意主人家庭幸福甜美。

制作方法：先将水烧开，再将火压小一点（防止将蛋冲散，破坏蛋的成形），然后将蛋打入锅中，等蛋成形，用铲子轻轻地铲动蛋，不得使蛋粘在锅底，大火烧开，蛋熟，放入甜酒酿，略放糖（以食用者口味而定），起锅。这样，一碗热腾腾的酒酿水铺蛋就做好了。

崇明人用水铺蛋招待客人时，用蛋的数量也是有讲究的，通常是 3 个，招待尊贵的客人用 5 个，4 个是绝对忌讳的，因为“4”与“死”同音。

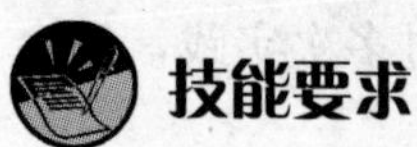

技能要求

冲　缸

经过 72 小时后，糖化发酵（第一次发酵）达到最高峰，窝内醪液积聚至 3/4 以上，并由浑浊变清，不再有气泡逸出。

操作步骤

步骤 1　用铲刀或菜刀将酒醪划分成若干块，再将其捣碎。
步骤 2　选择冲缸水的水源。
步骤 3　确定冲缸水的用量。
步骤 4　将水倒入发酵缸中。
步骤 5　盖上盖子或布。

第 9 节　养　　醅

学习目标

➤了解养醅的概念

➤熟悉发酵缸内米饭温度的要求

➤掌握养醅后表明酒已成熟的特点及一般需要时间

➤掌握养醅期间温度的控制方法

知识要求

酒曲中有灰霉菌和酵母菌两种微生物，灰霉菌将淀粉转化成糖，即糖化过程，这是从将拌好酒的米饭落缸后到冲缸之前这段时间。酵母将糖转化成乙醇，即酒化过程。只有这两个过程都进行到适当程度，才有美味的米酒。

冲缸后，酒酿在几小时内浮至液面，开始酒化发酵，也叫第二次发酵。这一阶段是酵母菌（酒化酶）将葡萄糖转化成乙醇的过程，这一过程叫作养醅。

养醅是整个酿酒过程中至关重要的一个环节。原来的醪液逐步转化成酒醅，缸内气泡翻动，伴有嗞嗞之声，并产生大量的热，用手摸缸感到明显温热。此时要注意缸内温度，每隔几小时用温度计测量一次，如超过30℃，则要开耙，即用耙子将缸内醪盖捣开，使之散热降温，以保证发酵顺利进行。如果温度降不下来，持续上升，则必须强制降温，如用电风扇吹，或用凉水浇缸，当然最好使用空调，使缸内温度尽快降至30℃以下。因为如果超过35℃，酵母菌将休克而不能工作，一些耐高温杂菌即乘虚而入，迅速繁殖发展起来，造成烂缸，此时再无挽救的办法。

几天之后，缸内温度趋于常温，不再有气泡产生，嗞嗞之声消失，缸内逐渐平静下来。这表明酒化发酵的高峰已经过去，老白酒基本酿成，于是便应及时捞取浮糟进行榨酒。缸内酒液也要尽快舀出，放入清洁无菌的不锈钢桶或陶缸内，以便澄清过滤。

从冲缸至榨酒前的这一阶段时间叫作养醅，一般为7~10天，也可以适当延长几天。其时间长短与气温有很大关系，气温高则用时短，气温低则用时稍有延长，直到饭粒全部变空。

第10节　滤　　酒

学习目标

➤了解滤酒的作用

➤了解糟的用途

➤掌握农家几种常用的滤酒方法

知识要求

一、滤酒的作用

滤酒，崇明人也称滗酒，就是把酒与浮糟进行分离。养醅结束后，酒醅已成熟，这时应及时进行滤酒。农家酿的少量老白酒，一般不需要过滤，发酵正常的老白酒在经过一段时间澄清后变得清澈透明，完全可供食客饮用。

二、滤酒的方法

农家滤酒方法多种多样，只要能做到将酒与糟分离，并且使糟的含水量越少越好，便于存放。下面介绍几种常用的土方法。

（1）捞取浮糟，放入竹淘箩（有提手的）或稀布袋里，吊于横在发酵缸口的棍子上，让酒自然滴入缸中，使酒与糟分离。

（2）做一个“井”字状的架子放在发酵缸上，将装有浮糟的稀布袋放在这个架子上，让酒自然下滴，或在袋子上加一个重物，使酒与糟分离。

（3）做一个三角挂架，架子下面放一个盆，将装有浮糟的稀布袋吊在三角架下，使酒滴入架子下面的盆里。

（4）将捞起的浮糟装入干净的稀布袋里，放入脱水机中进行脱水处理，将酒与糟分离。当然，脱水机应该是干净的，做过消毒处理，里面不含有水。

将滤出的酒在缸内澄清，并且盖严。

三、糟的用途

滤出酒液后的残留物叫作糟（见图 4—29），也叫酒糟。酒糟的营养十分丰富，且用途广泛。

图 4—29　酒糟

（1）糟可作为猪的饲料添加剂。将酒糟适量拌在猪食里，猪不但爱吃，而且长肉。

（2）糟更是理想的调味品，可用于腌制鱼、肉等，放在桌上，糟香四溢，大快朵颐。在烹调鲜鱼、鲜虾时，直接放进一点儿鲜酒糟，则更加香气扑鼻，味道鲜美异常，颇受人欢迎。尤其是糟烧小鱼，崇明人有句话“鲜得来，打巴掌也不放（筷）”，说明吃了还想吃。盛一碗咸酒糟，加入油、糖、葱，放入锅中或微波炉一蒸，也是早晨配稀饭的好菜肴。酒糟还可用来发酵馒头等。

（3）药用价值：温中、消食、散瘀、止痛；治伤折瘀滞疼痛、冻疮、风寒湿痹。

四、新酒的颜色

老白酒营养丰富，酒内含有蛋白质、糊精以及含氮化合物和糖类等的浸出物。正因为如此，新酒呈乳白色浑浊状，这是十分正常的，经过几十小时的沉淀，让这些微粒在地球引力的作用下自然沉降，酒便逐渐变清。

至此，崇明老白酒的一般酿制过程就完成了。

尽管老白酒的酿制技术并不复杂难懂，但有关酿酒的原理和知识确实浩瀚深奥。农家要酿造出浓醇的白酒，除了了解一般的书本知识外，更重要的是在每一次酿酒的实践过程中，认真观察体会，注意季节、温度、米的多少、酒药的多少、发酵缸的大小等对酿酒成功与否的影响。在实践中需要不断积累经验，摸索出最合适自己的操作方法。

技能要求

滤 酒 操 作

操作准备

1. 竹淘箩（有提手的）1 个或稀布袋 1 条。
2. 干净的扎袋口的绳子 1 根。
3. 长度大于发酵缸口直径的棍子 1 根（结实的）。
4. 发酵缸 1 口，并且内存酒醅 10 千克。
5. 有漏眼的勺子 1 把。
6. 干净抹布 1 块。

操作步骤

步骤 1　用有漏眼的勺子将发酵缸内的酒糟装入竹淘箩里或布袋中。

步骤 2　棍子横放在发酵缸中间。

步骤 3　将装入酒糟的竹淘箩挂在棍子上，或将布袋扎紧挂在棍子上，使酒自然下滴，达到酒与糟分离的目的。

步骤 4　用抹布擦净缸边。

第 5 章

米酒的储存与饮用

第 1 节　米酒的储存

学习目标

➢了解各种材质的盛酒器皿对酒质的影响
➢掌握储存酒器皿的消毒意义和密封的作用
➢掌握陶瓷、玻璃容器的特点
➢掌握储存酒器皿的消毒方法及储存酒器皿的密封方法
➢能够正确选择储存酒的器皿

知识要求

一、储存酒器皿的选择

崇明老白酒营养丰富，却没有什么抵抗力，是各种细菌繁殖生长的理想载体。如果储存不当，杂菌侵入，老白酒很快就会变质。变质后的老白酒浑浊起酸，不可饮用。滤过的酒经过澄清后要进行合理储存，为了保持质佳味美并且保存时间长，必须选择下列材质的盛酒器皿。

1. 铝器

铝对神经系统、生殖系统和消化系统等均有不同程度的毒性作用。酒可把铝制器皿中的铝溶解出来，长期用铝制器皿盛装米酒，铝便会源源不断地进入人体，危害人们的身体健康。另外，用铁制器皿盛装米酒对人体虽没有太大的危害，但铁制品极易生锈，它与酸生成亚铁盐，这种物质过多进入人体，对健康会有潜在的不良影响。更为重要的是，不少铁制品大多经过油漆或其他形式的包装，多含铅、铬等有毒物质，时间长了，可使人发生慢性中毒。

2. 锡壶

有不少地方的居民喜欢用锡壶盛米酒，但是很多锡壶在加工过程中加入了过量的铅，在盛装、储存米酒时，铅易溶出而导致铅中毒。

3. 塑料制品

快节奏时代，塑料制品是用得最多的一种器皿。但用这种器皿盛装、储存米酒只能是短时间的。以聚苯乙烯或聚氯乙烯制成的塑料有一定毒性，应避免使用。半透明而有一定韧性的塑料桶大多是用聚乙烯或聚丙烯制成的，尽管它们本身的毒性很低，适合盛装食品，但长期储存米酒，也会析出微毒成分，并且老白酒的化学性质相当活跃，会溶解塑料中的一些成分，对人体有毒害作用。

4. 新制的木质盆、桶

新制的木质盆、桶等，也会有某些酚类物质溶出而影响酒质，不宜用来储存米酒。

5. 陶瓷容器

储存崇明老白酒的容器与黄酒等使用的容器一样，以陶坛、陶罐和陶瓮为最多。陶瓮（见图5—1）是我国酿酒业广泛使用的一种传统储存容器，是长期生产实践的理想选择。至今，一些名优酒厂仍然使用陶瓮储存原酒和成品酒，为保证陶瓮的质量，应精挑细选。

这些容器是用陶土烧制而成的，一般形状为圆形，大腹小口，外部涂釉。它们是我国最古老的人工制作的储酒和盛酒容器，使用历史最长，应用最广泛。

陶瓷酒瓶由高温烧成，物理化学稳定性高。陶坛本身化学性质稳定，略有透气又不渗漏，对原酒陈酿有很好的催陈效果；耐腐蚀性强，基本不透光，避免了光对酒的化学反应，可使酒长期储存而不变质。

其缺点是受到硬东西撞击容易碎，所以在使用时应该轻拿轻放。

6. 玻璃器皿

玻璃材料具有良好的阻隔性能，可以很好地阻止氧气等气体对内装物的侵袭，同时可以阻止内装物的可挥发性成分挥发。玻璃器皿（见图5—2）安全卫生，渗透性小，密封性好，有良好的耐腐蚀能力和耐酸蚀能力，可使酒长期储存而不变质。其缺点则与陶器一样，受到硬东西撞击容易碎，所以在使用时应该轻拿轻放。

图5—1　陶瓮

图5—2　玻璃器皿

7. 不锈钢容器和储酒池

随着酒业生产的发展和新材料的不断出现，不少制酒者采用了大型金属容器来解决陶瓷容器储存量小的问题，如不锈钢容器。不锈钢稳定性极好，不易氧化，耐腐蚀，目前酒厂大量使用不锈钢容器来储存白酒。

此外，还有储酒池（水泥池），也是现代酒业生产常用的一种大型储酒容器。储酒池采用钢筋水泥结构，建筑于地下、半地下或地上。

二、储存酒器皿的消毒

在选好合适的器皿后，必须对器皿内外进行充分的杀菌消毒。其方法通常有如下几种：

(1) 用开水浸泡冲洗。

(2) 用食品级的消毒液稀释浸泡 24 小时以上，再用清水冲刷。

(3) 用清水漂洗后放在太阳下晒。

以上无论哪种方法，在储存酒之前必须把容器内部擦干，否则会影响酒的质量。

三、储存酒器皿的密封

1. 密封的要求

为了使酒保存时间长、不变质，必须将盛放酒的器皿进行密封。如密封不好，也会造成老白酒氧化浑浊而变酸。密封的要求如下：

(1) 绝对密封。

(2) 封口的东西不和酒精反应。

(3) 封口的东西不会污染白酒。

(4) 没有异味。

2. 密封的方法

以陶瓷容器为例，可用以下方法：

(1) 用经过煮沸杀菌的笋壳（箬壳、笋皮）将酒坛口包上，并用细绳扎紧。扎好坛口后，经过一定的修剪，再用干净的黄泥糊覆盖一层，最后将泥搪滑，可以起到更好的加固和密封作用。用泥封酒坛口，可以有效地隔绝空气中的微生物进入酒体，而坛内的酒液可以自由地“呼吸”，从而促进酒液陈化。若在坛口最外层覆盖红绸布，这样既美观又大方。这也就是古书中描写的喝酒前都要“拍开泥封”的原因了。

(2) 用一块布或者一张韧性较好的纸，例如牛皮纸覆盖坛口第一层，上面再覆盖保鲜膜或者塑料膜，把酒坛口盖好。覆盖的纸或塑料膜要超过坛颈部，再用绳子将坛口系牢、系好。

(3) 挑选适当的软木塞塞紧酒坛口，再用牛皮纸或食品级的塑料膜包上，并用细绳扎紧。

以上不仅适用于工厂化生产，更适用于农家小作坊。现代工厂化生产酒的厂家采用的封口方法还有好几种。现在有一种发泡塑料酒坛封口盖，属于对陶瓷酒坛封口包装的改进。它不仅密封性能好，而且具有节约大量优质农田土壤、减轻包装劳动强度、提高包装美观和身价等优点。应用该方法储存的酒，酒质良好，各项指标可达到理化和卫生标准，并能够实现酿酒包装标准化。

另外，还有用封口机进行封口和蜡材料进行封口等办法。

四、储存的酒存放温度要求

在崇明，适合农家酿制老白酒的季节是当年 11 月至来年 5 月，秋冬之交所酿的酒可饮用到来年初夏。当然，在 5 月酿的酒也可以度过夏天，但要注意温度。这是因为老白酒中仍存活着大量的酵母菌，气温一高会激活这些菌类再度繁殖生长，酒容易变酸。如要长期储存，建议将老白酒高温杀菌后盛于无菌陶坛内，密封好，置于阴凉处，避免日光的直接照射。也可以埋在地窖里，这样放一年是不成问题的。

技能要求

储存酒器皿的密封

操作准备

酒坛 1 只（见图 5—3），细绳 1 根（见图 5—4），干净的棉布 1 块或牛皮纸 1 张（35 厘米×35 厘米），或笋壳若干张（见图 5—5），干净的黄泥糊 1 团（见图 5—6），剪刀 1 把。

图 5—3 酒坛

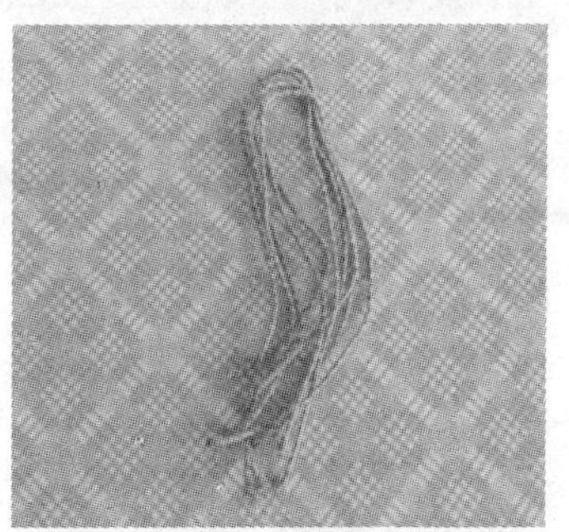

图 5—4 细绳

图 5—5　笋壳

图 5—6　黄泥糊

操作步骤

步骤 1　选择棉布或牛皮纸或笋壳中任意一样。

步骤 2　盖住酒坛口。

步骤 3　用细绳扎紧坛口（见图 5—7）。

步骤 4　修剪笋壳（见图 5—8）。

步骤 5　将黄泥糊覆盖一层并且将泥搪滑（见图 5—9）。

步骤 6　盖上红布，用绳子扎紧，以显喜庆（见图 5—10）。

图 5—7　用细绳扎紧坛口

图 5—8　修剪笋壳

图 5—9　黄泥糊覆盖并搪滑

图 5—10　盖上红布，绳子扎紧

注意事项

(1) 使用剪刀时要注意安全。

(2) 挪动发酵缸时动作要轻,注意防止发酵缸损坏。

第 2 节 米酒的饮用及酒文化

学习目标

- ➢了解崇明老白酒的酒文化
- ➢掌握崇明老白酒的功能与使用方法

知识要求

一、品牌酒"菜花黄"与"十月白"

崇明老白酒酿在春天,因为春天油菜花黄澄澄地开满田垄,农家酿出来的老白酒如同油菜花一般热烈、淳朴,于是便被称作"菜花黄"。

崇明老白酒酿在秋冬,新稻收割、新谷碾米之后,农家便会用新米酿酒。在这个时节,崇明岛上的芦花白得飘逸、棉花白得浓烈,此时酿造的老白酒人们称作"十月白"。

二、崇明老白酒的理化指标

关于崇明老白酒的理化指标,可参照上海市地方标准《老白酒标准》(DB 31/384—2007),每升老白酒中含非糖固形物≥5 克,总糖≤10 克,总酸≤10 克,氨基酸≥0.10 克,酒精度≥13°。这是工厂化生产崇明老白酒的标准,农家自酿的崇明老白酒与此有些差异。

三、崇明老白酒的营养分析

常见的崇明老白酒为乳白色、半透明,应该说这是新酒,尚未经过澄清和过滤。经澄清和过滤后的崇明老白酒清澈透明,呈微黄色,时间越久而颜色越深,饮用起来米香浓郁,口味清洌,微苦略酸,在风味方面别具一格。

崇明老白酒含有 17 种氨基酸、维生素 A、维生素 B、维生素 E、尼克酸、微量蛋白质、葡萄糖，以及人体必需的某些微量元素。米酒是糯米或大米经过根霉（还有少量的毛霉和酵母）发酵后的产品，化学成分以及物理状态都发生了很大的变化。其中的淀粉转化为小分子的糖类，蛋白质分解成氨基酸和肽，脂类的变化以及维生素和矿物质等的结合状态都对它的营养功能的提高产生了有效的促进作用。它的营养功能也正是基于这种化学和物理变化而产生的。而且，在发酵过程中产生的一些风味物质对于它的口味也有很大的提高。

1. 糖

大米中的淀粉转化为单糖和低聚糖，这更有利于它快速补充人体能量以及改变口味。主要的单糖和双糖有葡萄糖、果糖、麦芽糖、蔗糖和异麦芽糖。

2. 酸

酸对于米酒的口味以及刺激消化液有很重要的作用，这些有机酸大部分是由大米中的淀粉在发酵过程中经根霉发酵产生的。所含的有机酸主要有乳酸、乙酸和柠檬酸等。

3. 蛋白质和氨基酸

大米中大部分蛋白质（谷蛋白、醇溶蛋白、清蛋白、球蛋白）是不溶于水的，经过发酵会部分分解成游离氨基酸和多肽类物质，这对于它的营养提高很有帮助。

4. 维生素和矿物质

这些物质大部分都是米种本身含有的，它们的结合形式产生变化，以及根霉菌在发酵时产生一些维生素，主要有维生素 B、维生素 E 和矿物质。

四、崇明老白酒的饮用文化

饮用米酒的人，往往具有米酒那种不烈不淡、醇厚的“中庸”性格。饮米酒不像啤酒那样用于解渴，适宜速饮，不像烈性白酒需“一口闷”方能体会其香和味。米酒与文化底蕴深厚的葡萄酒一样，甚至其文化内涵深于葡萄酒，需有正确的饮用方法，方能体会国粹米酒的无穷滋味。

首先，观其色泽。保存一段时间的酒晶莹透明，有光泽，无浑浊或悬浮物，无沉淀物泛起荡漾其中，具有极富感染力的晶莹剔透之感。

其次，将鼻子移近酒盅或酒杯，闻其幽雅、诱人的馥郁芳香。此香不同于白酒的香型，更区别于化学香精，而是一种深沉、特别的脂香和米酒特有的酒香的混合。若是陈年佳酿，哪怕不喝，放一杯在案头，也能让人心旷神怡。

崇明老白酒确实是好酒，但农家的制作工艺比黄酒、葡萄酒等工厂化生产制作工艺简单，保存时间短，酒中好多成分尚未得到醇化，更谈不上酯化，所以十分容易上口。需提醒初尝老白酒的异乡客，它的后劲如同长江之水绵绵不绝，喝多了也会醉，这正是老白酒的本色。因此，喝酒时万不可贪杯，至七八分足矣。

特别提示

农家酿造的老白酒，由于条件限制，装灌的酒未经高温处理，所以在起初的一段时间内，酒还有微量的发酵现象，虽然好上口，但是易醉，这时的酒被称为爆酒，用量要少，莫贪杯。在饮用前最好炖热，让酵母菌停止生长，饮用起来更安全。新酿的酒放置1个月，饮用起来更浓醇。

五、崇明老白酒的保健功能

上等的崇明米酒是用优质糯米酿成的，糯米能补虚补血补脾肺，酿成酒后，更善于穿透，能通肺、肝、肾经。米酒入肺经，能补肺之虚寒。肺主皮毛，故又能养颜，常吃的人皮肤好。米酒入肝经，能活血，散结消肿，调经通乳。米酒入肾经，能补肾虚，治疗虚劳泄泻、腰痛及男性疾病。

米酒甘甜芳醇，能刺激消化腺的分泌，增进食欲，有助消化。

对胃寒、血瘀、缺奶、风湿性关节炎、腰酸背痛及手足麻木等症，以热饮为好。

所以，米酒能够帮助血液循环，促进新陈代谢，减轻心脏负担，具有补血养颜、舒筋活络、强身健体和延年益寿的功效。现在开发的月子酒，就是利用这些功能帮助坐月子的妇女增加营养，早日恢复健康。

六、米酒的其他功效

1. 去腥、去膻及增味

米酒在菜肴烹制中广为人们采用。它的原理在于，能溶解其他食物中的三甲胺、氨基醛等物质，受热后这些物质可随酒中的多种挥发性成分逸出，故能除去食物中的异味。米酒还能同肉中的脂肪起酯化反应，生成芳香物质，使菜肴增味。

2. 解冻

一条冻得结结实实的鱼，在前半段淋上些米酒，完全浇没，几分钟后会发现前半段已经有解冻后黏黏的液体在上面，而后半段还是冻得像棍子一般。

3. 恢复松软

在面包上洒几滴米酒，放到微波炉里（具体时间自己控制），加热后会发现面包就像新鲜出炉的一样，而且口感很好。

4. **化瘀**

将生姜末浸在米酒里，浸泡 40 分钟后，把生姜末涂在有瘀血的地方揉搓，会有辣辣的感觉。

5. **美容**

米酒含有 17 种以上的氨基酸，极易被人体吸收。它还有美容护肤的效果，用乳液混合适量的米酒涂在脸上，可当作面膜用，能够保持皮肤光滑，加速面部血液循环，让皮肤白里透红。另外，米酒还有美白嫩肤的功效。

6. **保湿**

冬天在白开水中加入适量米酒饮用，可以保持体内水分。

七、米酒饮用注意事项

（1）任何东西食用过量，都会对身体有害，老白酒也不例外。

（2）为了宝宝的健康，孕妇最好不要喝酒。

（3）对于有肝脏病的患者来说，不适合喝白酒。因为酒精的刺激会加重肝脏负担，从而加重病情。对于正在服用抗高血压药物的高血压症患者来说，酒精不仅会降低药物的疗效，而且还能速溶缓效药物的外壳，使药力骤发过猛而危及生命。

第 6 章

酿酒中常见反常现象的处置方法

学习目标

➢了解酿酒中常见反常现象的各种原因及处置方法

➢熟悉出现反常现象的原因及处置方法

➢掌握各种处置方法

知识要求

一、米饭久蒸不熟

蒸笼内的米一般经过20～30分钟的蒸煮就可以看到表面的米粒都成了饭粒。但是经过长时间的蒸煮还是不熟，其中原因是起锅时在铁锅内放置的水太多了，高过于正常范围2/3的要求，致使在蒸饭过程中，烧煮时水经过加温，不断地翻滚，水触碰到了蒸笼底部的米饭，使得底部的米饭在蒸煮过程中逐渐糊烂，透气孔凝结，这样底下的水蒸气就不容易冒出来，上面的米就不容易被蒸熟，或者枕腰未垫好，出现漏气现象。如果在蒸饭过程中出现了这种情况，应及时处理。

（1）若是由漏气所引起的，则在蒸笼下边再围一层枕腰。

（2）若是由水位太高引起米饭变糊，则考虑将筷子在米饭上从上往下打几个洞，促使蒸汽往上冒。若观察锅中的水太多，设法抽取一点，确保水不触及米。若实在不行，则把蒸笼里的饭倒出，铲去糊状的米饭再蒸，但是这种补救成功率很低。

二、米饭太干，饭粒太硬

蒸出来的饭粒粒粒分开，中间带着白色，明显是米饭太干，饭粒太硬，这样的米饭是不可以用来酿酒的。究其原因是在浸米的时候时间不充分，或者水位不到，没有完全覆盖住米，米没有吸收到充分的水分，米粒的中心还是干燥的，不利于发酵。此时，只需在蒸饭过程中往蒸笼内的米饭上再补些热水，增加水量，继续蒸煮，直到全面蒸熟即可。但要注意一次性补的水不能太多。

三、发酵缸内酒窝筑不起来，倒塌

在酿酒过程中，把拌好酒药的饭整齐地堆放在发酵缸里，保证光滑的表面，保持一定的温度，才能让其正常发酵，酿出清甜的崇明老白酒。一旦拌好药的饭放置到酒缸内，酒窝筑不起来，始终瘫在发酵缸里，像粥一样，那就说明米饭在淋水时，由于淋水过多则太湿。这时必须让米饭晾片刻，等水分蒸发一些后，再进行下一步的筑窝。

四、落缸已过 36 小时，米饭仍不发酵

落缸后 36 小时发酵缸内仍没有任何动静，米饭仍不发酵，其中原因可能有以下两个：

一是饭的温度太低，达不到发酵的温度，所以失败了。处理方法是：这时我们可以在酒缸的外面加上保温层，或用大玻璃瓶、小陶罐装上热水放入发酵缸内以增加热量，使发酵缸里的米饭能正常发酵。

二是在拌酒药的时候药放得太少。这时应增加酒药，同时增加温度，使发酵缸里的米饭仍能正常发酵。

五、发酵缸中出现白毛

落缸 24 小时后，虽然发酵缸中的药饭已经发出一丝香气，但仍然比较微弱，而且揭开缸盖后发现发酵缸中药饭的表面出现了白毛，这也说明米饭没有正常发酵，其中原因主要有两个：一是因为米饭的表面酒药撒的太少，药量不够，造成霉菌繁殖。解决方法是将白毛铲除，然后增加酒药；二是温度太高，解决方法是适当降温，随时观察。

六、时间仅两天，缸内米饭已呈糨状

落缸后仅过去两天，缸内米饭已呈糨状，看不出整颗的米粒，这说明在发酵前放置药饭时缸内的温度过高，酒药用量过大。遇到这种情况，需解除保温层，开窗通风，启用电风扇及时降温，再按照正常程序发酵即可。

七、米饭未发酵，缸内出现多种颜色的菌毛

拌好药的米饭放进发酵缸里，过了一段时间，揭开缸盖观察，如果发现米饭并未发酵，缸内出现了多种颜色的菌毛，这说明发酵未成功。由于米饭落缸时温度过高，所拌的酒药已经被烫死，没有起到发酵的效果，反而被其他有害菌侵入。另外，出现这种状况，可能是由于发酵缸没有经过很好的消毒而造成的。这时需铲去表面上有霉菌的饭，重新拌酒药，致使再发酵。

从发酵缸内舀出的清液，经多日沉淀，仍浑浊如初，未见变清，说明老白酒被杂菌侵入。此时建议接种醋酸菌，让其变成米醋。

理论知识考试模拟试卷及答案

崇明老白酒酿造理论知识试卷

注　意　事　项

1. 考试时间：60 分钟。

2. 请首先按要求在试卷的标封处填写您的姓名、准考证号和所在单位的名称。

3. 请仔细阅读题目的回答要求，在规定的位置填写您的答案。

4. 不要在试卷上乱写乱画，不要在标封区填写无关的内容。

得分	
评分人	

单项选择题（第 1～100 题，选择一个正确的答案，将相应的字母填入括号中。每题 1 分，满分 100 分）

1. 崇明米酒以（　　）为原料，经发酵酿制而成，属谷物酿造酒。

A. 大米　　B. 熬炼　　C. 小麦　　D. 水果

2. 崇明老白酒上口甜而微酸，香味醇厚，酒度适中（12°～13°），后劲足，有回味，在风味方面别具一格，是深受欢迎的（　　）。

A. 高度酒　　B. 绍兴酒　　C. 米醋　　D. 低度酒

3. 崇明老白酒的酿造至今已有（　　）的历史。

A. 300 多年　　B. 500 多年　　C. 700 多年　　D. 800 多年

4. 崇明老白酒的酿造源于个体农户自酿自饮，20 世纪 70 年代发展为工厂化生产，作为（　　）经济发展的一个重要产业。

A. 松江　　B. 青浦　　C. 南汇　　D. 崇明

5. 崇明老白酒是以大米为原料，经淋饭后拌药加水自然发酵而成。酒体呈（　　），味道甜而微酸，香味醇厚，酒度适中（12°～13°）。

A. 黄色　　B. 乳白色　　C. 褐色　　D. 米色

6.（　　）老白酒的理化指标，可参照上海市地方标准《老白酒标准》（DB 31/384—2007）。

A. 崇明　　B. 松江　　C. 金山　　D. 奉贤

7. 崇明老白酒含有17种氨基酸、碳水化合物、蛋白质等人体必需的营养素和维生素A、维生素B、维生素E、尼克酸以及铜、铁、锌等10种人体必需的（　　）。

A. 淀粉　　B. 色素　　C. 微量元素　　D. 铅元素

8. 崇明老白酒酿造专项职业能力是指用（　　）、酒药与水，沿用古老的传统手工工艺发酵酿造家庭型自用米酒的能力。

A. 粳米或糯米　　B. 籼米或糯米

C. 粳米或籼米　　D. 以上选项均不正确

9. 老白酒酿造必须熟练掌握的基本流程和基本技术有（　　）。

A. 选米、浸米、蒸煮　　B. 淋水、落缸、拌酒药、筑窝

C. 冲缸、榨酒、灌装、储藏　　D. 以上选项均正确

10. 1993年，崇明老白酒被评为“上海市名牌产品”，（　　）获得“上海市科技博览会金奖”，2004—2005年连续两年被评为“上海市名优食品”。2007年，崇明老白酒获“中华人民共和国地理保护标志产品”称号。

A. 1993年　　B. 1995年　　C. 2005年　　D. 2007年

11. 总结和推广老白酒（　　）技术的重要性在于，不断扬名、传承家艺、接待游子、忆古忆乡、强身健体、延年益寿。

A. 蒸馏　　B. 酿造

C. 勾兑　　D. 以上选项均不正确

12. 开发崇明老白酒酿造技术，为（　　）创造再就业机会，为增加经济收入提供条件。

A. 富余劳动人员　　B. 在职人员

C. 养老人员　　D. 学生

13. 酿酒所选的优质米是指一年内颗粒饱满、白亮、无霉变、无虫蛀、无农药残留的（　　）或粳米。

A. 籼米　　B. 白米　　C. 糯米　　D. 糙米

14. 酿制老白酒的大米必须相当精白，精白度越高的米，脂肪、蛋白质含量相对较低，而淀粉（　　），所酿的酒味醇香，且在储存过程中不易变质。

A. 含量小于脂肪蛋白质含量　　B. 含量低

C. 含量等于脂肪蛋白质含量　　D. 含量极低

15. 为了酿出优质老白酒，严格把好选米关，要避免使用陈米（1年以上），因为（　　）酿出的酒呈黄色，还可能出现异味。

A. 当年米　　B. 优质米　　C. 陈米　　D. 糯米

16. “寒优湘晴”质软、心白、吸水快、易糊化、膨胀小，进入（　）相对平稳，易控制，酒体较柔和，非糖固形物含量高，较少辛辣味，入口别有风味。

A. 糖化发酵　　B. 落缸　　C. 冲缸　　D. 泡缸

17. 糯米中淀粉分子多为支链型结构，占总量的（　），所以容易蒸熟糊化，糖化发酵效果好，出酒率高，残渣少，酒液清，较醇和。

A. 70%以上　　B. 80%以上　　C. 90%以上　　D. 95%以上

18. 酒药是（　）的载体，酵母菌的成活率大小决定酒药的质量高低。

A. 酒精　　B. 酒药　　C. 酵母菌　　D. 酒水

19. 酒药以麦皮、糠皮或米粉接种（　）而制成。

A. 酒精　　B. 酒药　　C. 酵母菌　　D. 酒水

20. 酿酒所用酒药量按照说明书进行选取，一般是（　）的米配 150 克的酒药。

A. 15 千克　　B. 20 千克　　C. 25 千克　　D. 30 千克

21. 酿造老白酒也可以用甜酒药，但（　）的用量要加大一倍。

A. 米饭　　B. 米　　C. 冲缸水　　D. 酒药

22. 酒药含有麦皮、糠皮或米粉等成分，时间长了易（　），所以购买酒药时一定要注意其生产日期。

A. 发酵　　B. 变干　　C. 受潮霉变　　D. 拌酒药

23. 酒药是酿酒的重要原料，（　）直接影响到酿酒质量的好坏，而受潮霉变的酒药内含有大量的霉菌，遇到合适的生长环境快速繁殖，造成烂缸，从而导致酿酒失败，所以不能用受潮霉变的酒药。

A. 发酵缸的颜色　　B. 酒药质量好坏

C. 酿酒人的心情　　D. 蒸饭灶的选择

24. 符合国家饮用水标准的（　）即可用于酿酒，但要注意漂白粉浓度不能太大。

A. 米　　B. 米酒　　C. 食品　　D. 自来水

25. 在酿酒的各个阶段，都必须添加（　）的水来满足发酵的需要。通过浸米、蒸饭、淋饭及拌酒药，这时米与水的重量比约 1∶1，又按照米与水的重量比约 1∶1 进行冲缸，所以最后米与酒的比例为 1∶2。

A. 少量　　B. 一定量　　C. 很多　　D. 大量

26. 水是酿酒原材料的三大要素之一，水的质量影响酒的质量，酿酒时一定要选择清净、杂质少的（　）。

A. 软水　　B. 硬度较高的水

C. 含有大肠杆菌的水　　D. 消毒水

27. 在酿酒时，如有明显的漂白粉气味的（　　），会影响酵母菌的生长，则应拒绝使用。因为漂白粉中的氯将严重影响酒的质量，致使酒味发苦。

A. 蒸馏水或开水　　B. 河水或雨水

C. 自来水或河水　　D. 自来水

28. 对水的质量要求是：（　　），无沉淀、无悬浮物等杂质，无有机杂质或有毒物质污染，无病原体、无色、无臭、无味，清亮透明，这样有利于酿酒微生物的正常活动。一般符合我国生活用水标准的水，都可作为酿造用水。

A. 盐分低　　B. 硬度低　　C. 中性　　D. 以上都是

29. 在冲缸时所加水量的多少特别重要，一般不超过（　　）的一倍量，确保酒的质量。

A. 饭　　B. 米　　C. 药　　D. 酒酿

30. （　　）工具可以是农家大灶、液化气灶或电蒸箱等。凡此种种，只要有效地将米蒸熟即可。

A. 蒸饭　　B. 浸米　　C. 泡缸　　D. 盛酒器皿

31. 利用大灶（　　）时，蒸笼的材质可以是木质、不锈钢质或铝质等，但建议使用木质蒸笼，尤其是杉木蒸笼，其化学性质稳定。

A. 蒸饭　　B. 烧水　　C. 浸米　　D. 泡缸

32. 陶缸本身（　　），不渗漏，又有一定的透气性，所以发酵缸还是以陶缸为佳。

A. 化学性质不稳定　　B. 易损坏

C. 化学性质稳定　　D. 物理性质不稳定

33. 在酿造老白酒时，为了确保发酵菌在春、冬及深秋气温较低时能正常发酵，在（　　）外部裹、盖的棉被、麻袋、稻草等称为保温物。

A. 不锈缸　　B. 发酵缸　　C. 瓷缸　　D. 木桶

34. 在（　　）的过程中，发酵室内必须备有温度计，可以随时观察室内温度和测量发酵缸内的温度。

A. 烹制农家菜　　B. 开农家乐　　C. 酿造老白酒　　D. 宰杀白山羊

35. 一般情况下，发酵缸的消毒用（　　）浇缸内壁两次进行泡缸，有条件的话可以用高温蒸汽直接消毒，不仅能起到消毒作用，而且能保持发酵缸体的适当温度。

A. 冷水　　B. 生水　　C. 开水　　D. 漂白液

36. 存放发酵缸的房间要整洁明亮、通风，无鼠害和蚊蝇。酿酒前可用消毒液喷洒，发酵间内（　　）人员出入。

A. 要尽量允许　　B. 要尽量减少

C. 禁止任何　　D. 以上选项均不正确

37. 酿酒操作人员须持有（　　），其次在操作前做好双手的消毒工作，操作时穿好工作衣，戴好工作帽与口罩。

A. 驾驶证　　B. 健康证　　C. 职业资格证　　D. 许可证

38. 要将需要浸水的米过秤，记住其准确的重量，以便确定所需（　　）量和冲缸用水量。

A. 米　　B. 酒药　　C. 水　　D. 酒酿

39. 浸透米的时间根据气温确定，气温高时可缩短；反之则延长。浸糯米的时间一般是（　　）左右。

A. 12 小时　　B. 20 小时　　C. 24 小时　　D. 36 小时

40. （　　）的时间掌握在 24 小时左右，这是根据气温确定的，气温高时可缩短；反之则延长。

A. 浸粳米　　B. 浸糯米　　C. 浸籼米　　D. 浸紫米

41. 为了确保把米浸透，（　　）的容器中水面应高于米面，随时添水，确保米始终浸没在水中。

A. 蒸饭　　B. 浸米　　C. 堆饭　　D. 淋饭

42. 米浸透与否，除了要有时间控制外，还可以用手检测，将（　　）米粒置于手指间搓捻，搓碎成细粉末即可，这样的米易于蒸熟蒸透。

A. 较多　　B. 少许　　C. 满把　　D. 一粒

43. 米饭必须全部（　　），否则在发酵时会形成异质，产生异味，严重影响酒的质量。

A. 蒸熟蒸烂　　B. 蒸熟蒸透　　C. 蒸透　　D. 蒸熟

44. 用土灶蒸饭，锅内要加一定量的（　　），加水既不能太多也不能太少，水位占铁锅的 70%左右。

A. 米　　B. 饭　　C. 水　　D. 酒药

45. 用土灶蒸饭，（　　）放置浮物，防止沸水直接冲米，使笼底米饭变糊，蒸汽不能上升，从而影响饭的成熟。

A. 缸内　　B. 浸米水面　　C. 蒸笼　　D. 锅内水面

46. （　　）内底部垫上纱布的作用是确保米不从笼中漏入锅内。

A. 蒸笼　　B. 酒缸　　C. 酒瓶　　D. 酒盆

47. 锅边铺枕腰，以（　　）浸湿后使用为宜，它能防止锅中蒸汽在笼底下部外逸。

枕腰尽量不要拖在锅内，防止水通过枕腰渗到锅外边。

A. 清洁棉布或毛巾　　B. 塑料布

C. 尼龙布　　D. 旧麻袋

48. 利用大灶蒸饭时间依米的多少和火旺程度而定，一般大灶需（　　）。

A. 5～10 分钟　　B. 20 分钟　　C. 20～30 分钟　　D. 40 分钟

49. 蒸笼里的米经过逐步加热，蒸汽不断上升，使（　　）米粒全部由乳白色转化为透明色，并且喷出大量香味，再焖蒸 5 分钟左右，米饭则彻底蒸熟。

A. 中间　　B. 周围　　C. 下部　　D. 上部

50. 在酿酒过程中，（　　）的冷却方式有自然冷却、用吹风机冷却和淋水冷却等。

A. 米饭　　B. 发酵缸　　C. 米酒　　D. 米

51. 为了保证酵母菌的正常繁殖生长，米饭的冷却温度控制在（　　）左右。

A. 10℃　　B. 20℃　　C. 30℃　　D. 50℃

52.（　　）淋水的要求是，使米饭既能粒粒分开，又不明显见水。

A. 米饭　　B. 酒饭　　C. 酒酿　　D. 崇明糕

53. 米饭淋水的作用是，使蒸熟的饭快速降温，使米粒之间光滑不粘，便于透气，提供（　　）。

A. 有益菌滋生条件　　B. 细菌滋生条件

C. 发酵条件　　D. 空间

54. 淋水太少，造成米粒（　　），没有充足的水分，不能很好地促进酵母菌的发酵，影响出酒率。

A. 板结不透气　　B. 疏松　　C. 容易透气　　D. 光滑

55. 在（　　）时要注意，不要淋水过多，让米饭太湿，从而使饭堆不起来，造成筑不成窝。

A. 堆饭　　B. 冲缸　　C. 淋饭　　D. 拌酒药

56. 落缸时米饭的温度以（　　）为最佳。

A. 16～20℃　　B. 20～25℃　　C. 26～30℃　　D. 36～40℃

57. 发酵缸容积大于米饭体积的作用是，既给发酵后期（　　）加水留出适当的空间，又有利于在发酵过程中散热。

A. 泡缸　　B. 冲缸　　C. 落缸　　D. 淋饭

58. 拌好酒药，饭在发酵缸内，只要水分充足，（　　），就会正常发酵。

A. 温度高　　B. 温度合适　　C. 温度为 60℃　　D. 温度低

59. 按比例称好的酒药不应全部拌入饭内，应留出（　　）左右，用于均匀地撒在酒窝上面。

A. 1/2　B. 1/3　C. 1/4　D. 1/5

60. 将剩余酒药均匀地撒在（　）里的米饭上面，米饭表面上的酒药与空气充分接触，有助于米饭的全面发酵，能够有效地阻止空气中有害菌的侵入与发育。

A. 酒瓶　B. 蒸笼　C. 玻璃瓶　D. 发酵缸

61. 拌药后的饭全部（　），这时米饭的温度控制在 26～30℃之间为宜。

A. 冲缸　B. 落缸　C. 发酵　D. 筑酒窝

62. 拌药时间过长，翻动次数过多，会迅速降低（　）的温度，致使米饭变冷而粘连板结。

A. 酒酿　B. 米　C. 酒药　D. 米饭

63. （　）时，米饭温度超过 35℃，酵母菌将休克而不能工作，一些耐高温杂菌即乘虚而入，迅速繁殖发展起来，造成烂缸。

A. 拌药　B. 堆饭　C. 蒸饭　D. 浸米

64. 筑酒窝是为了增加米饭与（　）的接触面积，获得更多的氧气，加快酵母菌的生长。

A. 空气　B. 水　C. 酒缸　D. 酒药

65. 筑酒窝的大小视（　）和米饭的多少而定。酒窝呈上口大、下底小的圆台形，上口要尽量大一些，深度与酒饭的高度一致。

A. 冲缸水的多少　B. 浸米桶的大小

C. 发酵缸的大小　D. 储存酒的器皿

66. 酿造老白酒时的（　）是指采用一定方法使发酵缸内的酿造物保持发酵所需的温度。

A. 保温　B. 发酵　C. 榨酒　D. 养醅

67. 拌过药的饭全部入缸后进入保温状态，保温度数根据（　）而定，一般选择的保温物与人体夜间保暖设施一致。

A. 室内温度　B. 35℃　C. 室外温度　D. 季节的室内温度

68. 发酵缸底的保温物，一般以（　）或稻草为主。

A. 塑料纸　B. 麻袋　C. 尼龙袋　D. 塑料袋

69. 发酵缸外边选取的保温物，根据季节的不同选择的保温物也不同。（　）气温较低，应选择厚棉被或厚稻草裹于缸的四周；春秋选择薄被、薄草帘或被单。

A. 秋天和早春　B. 秋天和冬天　C. 初夏　D. 冬天和早春

70. 发酵缸的保温，缸底要有垫物，确保底部不受地温的影响。在选择缸底垫物时，应选择平整度高而软的垫物，保证发酵缸不晃动。农家采用的有（　　）、麻袋，也有用厚的海绵来垫底。

A. 塑料纸　　B. 大理石　　C. 稻草　　D. 木板

71. 发酵缸的保温切忌使用（　　），原因是不利于透气，不利于酒药的发酵，不利于有益菌的繁殖。

A. 旧麻袋　　B. 尼龙纸　　C. 干净的被单　　D. 稻草

72. 米饭在拌药（　　）后，一般经过 24～36 小时，便出现明显的发酵现象。

A. 落缸　　B. 淋水　　C. 冲缸　　D. 筑窝

73. 第一次发酵高峰的象征是（　　），大量醪液渗出，在酒窝中逐渐积聚，有气泡翻出。

A. 有较浓的酸味　　B. 米饭已变成糨糊

C. 酒香扑鼻　　D. 发酵缸内出现白毛

74. 发酵达到高峰后，温度（　　），这时适量减少保温物，有利于发酵菌生长。

A. 较高　　B. 较低　　C. 60℃　　D. 80℃

75. 酒饭经过（　　）后，糖化发酵达到最高峰，窝内醪液积聚至 3/4 以上，并由浑浊变清，不再有气泡逸出。此时，米饭已变成了酒酿，同时也是喜欢吃甜酒酿的人捞出酒酿的最佳时机。

A. 12～24 小时　　B. 24～36 小时　　C. 36～48 小时　　D. 48～72 小时

76. 喜欢吃（　　）的人可将酒酿放在锅内高温蒸，让酵母菌停止发酵，使酒酿保持原味，并且可使保存时间延长。

A. 酒水　　B. 甜酒酿　　C. 酒糟　　D. 醪液

77. 所谓冲缸，是指将清水冲入成熟了的（　　）之中。

A. 米饭　　B. 酒窝　　C. 酒药　　D. 酒酿

78. 冲缸前，应将成团成块的酒酿捣碎，使之与（　　）均匀混合。这也是一道必不可少的工序，否则会造成酒酿结团，滋生杂菌。

A. 米　　B. 药　　C. 饭　　D. 水

79. 冲缸用水量的多少将明显影响酒的质量、风味和特色，酿酒者可根据自己的需要确定用水量，一般按（　　）1∶1 的比例进行冲缸。

A. 米与酒药　　B. 米与水　　C. 米饭与水　　D. 水与酒药

80. 将开水冷却到 30℃左右的温水做（　　），可使所酿之酒的质量更稳定。

A. 冲缸水　　B. 淋水　　C. 锅内水　　D. 泡缸水

81. 冲缸后，酒酿在几小时内浮至液面，开始（　　），这一阶段是酵母菌（酒化酶）

将葡萄糖变成酒精的过程。

A. 酒化　　B. 发酵　　C. 糖化发酵　　D. 酒化发酵

82. 养醅时的温度超过（　　），要开把散热降温，以保证发酵顺利进行。用吹风机吹，或用凉水浇缸外壁，当然最好使用空调，使缸内温度尽快降下来。

A. 10℃　　B. 20℃　　C. 30℃　　D. 40℃

83. 养醅时的温度超过35℃，（　　）将休克而不能工作，反而使一些耐高温杂菌乘虚而入，迅速繁殖，造成烂缸，严重影响老白酒的质量。

A. 酵母菌　　B. 霉菌　　C. 黄曲霉素　　D. 花青素

84. 养醅的时间长短与气温有很大关系，气温高则用时短，气温低则用时稍有延长，一般为（　　）。

A. 5天　　B. 10天　　C. 15天　　D. 7～10天

85. 养醅达到高潮的特点是发酵缸内大量（　　）翻动，伴有嗞嗞之声，有酒液不断溢出，用手摸缸感到明显温热。

A. 气泡　　B. 水蒸气　　C. 米虫　　D. 氧气

86. 养醅高潮过后（　　），发酵缸内的温度渐渐趋于常温，嗞嗞之声消失，气泡平息，表明酒已成熟。

A. 10天　　B. 几天　　C. 半天　　D. 15天

87. 因为老白酒含有（　　）、糊精以及含氮化合物和糖类等的浸出物，所以新酒呈乳白色浑浊状，经过几十小时的沉淀，这些微粒在重力的作用下自然沉降，酒便逐渐变清。

A. 酒药　　B. 蛋白质　　C. 水　　D. 酒糟

88. 将捞取的浮糟装入干净的（　　），然后把它放在酒缸上面的架子上，用重物压出酒液；或将它挂在架子上，使酒液自然下滴，直到酒全部沥出为止。

A. 尼龙袋　　B. 保鲜袋　　C. 帆布袋　　D. 稀布袋

89. （　　）的营养丰富，用途多，可作为猪的饲料，能让猪开胃爱睡，生长得更快。它更是理想的调味品，可用于腌制鱼、肉等，尤其是在烹调鲜鱼时，直接放进一点儿，则更是香气扑鼻，味道鲜美。

A. 酒　　B. 酒糟　　C. 酒精　　D. 拌了酒药的米饭

90. 澄清后的（　　）要进行合理储存。如果储存不当，杂菌侵入，老白酒很快就会变质。变质后的老白酒浑浊酸臭，不可饮用。

A. 酒酿　　B. 老白酒　　C. 酒饭　　D. 自来水

91. （　　）储存酒的器皿最好是陶瓷瓶或玻璃瓶，切勿用塑料器皿长期储存老白酒。

A. 不能　　B. 临时　　C. 可能　　D. 长期

92. 陶坛本身化学性质（　　），不渗漏，又有一定的透气性，而且耐腐蚀性强，可使酒长期储存不变质。

A. 活跃　　B. 差　　C. 稳定　　D. 不稳定

93. 玻璃器皿渗透性小，密封性好，耐腐蚀能力和耐酸蚀能力强，可使酒长期储存（　　）。

A. 容易变质　　B. 变得越来越酸

C. 变得越来越甜　　D. 不变质

94. 尽管塑料瓶的密封性能好，使用方便，但老白酒的化学性质相当活跃，会溶解（　　）中的一些成分，所以不选择塑料瓶作为长期储存老白酒的器皿。

A. 老白酒　　B. 水　　C. 酒酿　　D. 塑料

95. 选择好合适的盛酒器皿后，必须要进行充分的消毒杀菌，防止杂菌的侵入，（　　）酒的质量。

A. 有利于　　B. 影响　　C. 不影响　　D. 促进

96. 装入老白酒的器皿要注意及时密封。如密封不好，也会造成（　　）的氧化浑浊而变酸。

A. 自来水　　B. 酒糟　　C. 酒酿　　D. 老白酒

97. 崇明老白酒含有多种（　　）、维生素、蛋白质、葡萄糖，以及人体必需的某些微量元素。人们长期饮用崇明老白酒，会对人体产生通筋活血、强身健体、美容养颜和补充必要营养物质的作用，所以被誉为营养酒。

A. 草酸　　B. 氨基酸　　C. 酵母菌　　D. 霉菌

98. 米饭久蒸不熟的原因是（　　）太高，底层米饭已糊烂，不透气；或枕腰未垫好，出现漏气现象。

A. 锅内米饭　　B. 锅内枕腰　　C. 锅的位置　　D. 锅内水位

99. 蒸饭时，米饭太干、饭粒太硬的处理方法是往饭上淋热水，（　　），继续蒸，直至蒸熟蒸透。

A. 让米粒充分浸没在水中　　B. 将饭搅拌

C. 在锅内水面上放置浮物　　D. 让米粒充分吸水

100. 落缸已过 36 小时，米饭仍不发酵，原因是饭温太低或酒药不足。处理方法是在发酵缸外（　　），再用大玻璃瓶装满热水置于缸内，且适当补充酒药。

A. 卸掉保温层　　B. 加保温层

C. 浇热水　　D. 吹风

理论知识考试模拟试卷答案

单项选择题（第 1～100 题，选择一个正确的答案，将相应的字母填入括号中。每题 1 分，满分 100 分）

1. A　2. D　3. C　4. D　5. B　6. A　7. C　8. A　9. D
10. B　11. B　12. A　13. C　14. C　15. C　16. A　17. C　18. C
19. C　20. C　21. D　22. C　23. B　24. D　25. B　26. A　27. D
28. D　29. B　30. A　31. A　32. C　33. B　34. C　35. C　36. B
37. B　38. B　39. A　40. A　41. B　42. B　43. B　44. C　45. D
46. A　47. A　48. C　49. D　50. A　51. C　52. A　53. A　54. A
55. C　56. C　57. B　58. B　59. D　60. D　61. B　62. D　63. A
64. A　65. C　66. A　67. D　68. B　69. D　70. A　71. B　72. A
73. C　74. A　75. D　76. B　77. D　78. D　79. B　80. A　81. D
82. C　83. A　84. D　85. A　86. B　87. B　88. D　89. B　90. B
91. D　92. C　93. D　94. D　95. B　96. D　97. B　98. D　99. D
100. B

操作技能考核模拟试卷

注 意 事 项

1. 考生根据操作技能考核通知单中所列的试题做好考核准备。

2. 请考生仔细阅读试题单中具体考核内容和要求，并按要求完成操作或进行笔答或口答，若有笔答请考生在答题卷上完成。

3，操作技能考核时要遵守考场纪律，服从考场管理人员指挥，以保证考核安全顺利进行。

注：操作技能鉴定试题评分表及答案是考评员对考生考核过程及考核结果的评分记录表，也是评分依据。

国家职业资格鉴定

崇明老白酒酿造（专项能力）操作技能考核通知单

试题 1

试题代码：1.1。

试题名称：米种识别。

考核时间：4 分钟。

配分：4 分。

试题 2

试题代码：1.2。

试题名称：浸米程度的识别。

考核时间：4 分钟。

配分：4 分。

试题 3

试题代码：1.3。

试题名称：米饭蒸熟情况的识别。

考核时间：4 分钟。

配分：4 分。

试题 4

试题代码：1.4。

试题名称：酒药的识别。

考核时间：4 分钟。

配分：4 分。

试题 5

试题代码：1.5。

试题名称：储酒器皿的选择。

考核时间：4 分钟。

配分：4 分。

试题 6

试题代码：2.3。

试题名称：酿酒场景（三）。

考核时间：20 分钟。

配分：25 分。

试题 7

试题代码：3.1。

试题名称：蒸饭。

考核时间：20 分钟。

配分：25 分。

崇明老白酒酿造专项职业能力操作技能鉴定

试 题 单

试题代码：1.1。

试题名称：米种识别。

考核时间：4 分钟。

1. 操作条件

(1) 3 种识别用米各 3 份（每份 50 克）。

(2) 将 9 份识别用米交叉排列成 3 组（每组 3 份）。

2. 操作内容

随机抽选一组米，查看 3 份米的外形并确定米的种类。

3. 操作要求

(1) 按顺序填写 3 份米的名称。

(2) 完成时间不超过 4 分钟。

(3) 字迹端正，不能有错别字。

答 题 卷

考生姓名：　　　　　　　　准考证号：

按顺序填写 3 份米的名称。

序号	名称	序号	名称	序号	名称
1		2		3	

崇明老白酒酿造专项职业能力操作技能鉴定

试题评分表及答案

考生姓名：　　　　　　　　　　　准考证号：

试题代码及名称		1.1　米种识别			考核时间	4 分钟
编号	评分要素	配分	分值	评分标准		实际得分
1	（1）按顺序填写 3 份米的名称 （2）有错别字算错 （3）识别超过 4 分钟，立即停止答题，剩余内容不给分	4	4	每错一处扣 1 分，全错扣 4 分		
合计配分		4	合计得分			

考评员（签名）：

崇明老白酒酿造专项职业能力操作技能鉴定

试　题　单

试题代码：1.2。

试题名称：浸米程度的识别。

考核时间：4 分钟。

1. 操作条件

(1) 4 种鉴别用米各 4 份（每份 50 克）。

(2) 将 16 份鉴别用米交叉排列成 4 组（每组 4 份）。

2. 操作内容

随机抽选一组米，查看 4 份米的外形并确定米的浸透程度。

3. 操作要求

(1) 按顺序填写 4 份米的名称及浸透程度。

(2) 完成时间不超过 4 分钟。

(3) 字迹端正，不能有错别字。

答　题　卷

考生姓名：　　　　　　　　　　　　准考证号：

按顺序填写 4 份米的名称及浸透程度。

序号	名称及浸透程度	序号	名称及浸透程度	序号	名称及浸透程度	序号	名称及浸透程度
1		2		3		4	

崇明老白酒酿造专项职业能力操作技能鉴定

试题评分表及答案

考生姓名：　　　　　　　　　　准考证号：

试题代码及名称		1.2　浸米程度的识别			考核时间	4分钟
编号	评分要素	配分	分值	评分标准		实际得分
1	（1）按顺序填写4份米的名称及浸透程度 （2）有错别字算错 （3）识别超过4分钟，立即停止答题，剩余内容不给分	4	4	每错一处扣1分，全错扣4分		
合计配分		4	合计得分			

考评员（签名）：

崇明老白酒酿造专项职业能力操作技能鉴定

试　题　单

试题代码：1.3。

试题名称：米饭蒸熟情况的识别。

考核时间：4 分钟。

1. 操作条件

（1）3 种类型的米饭各 3 盆（每盆饭 100 克）。

（2）将 9 盆米饭交叉排列成 3 组（每组 3 份）。

2. 操作内容

随机抽选一组米饭，识别 3 盆米饭的蒸熟情况。

3. 操作要求

（1）按顺序填写 3 盆米饭的蒸熟情况。

（2）完成时间不超过 4 分钟。

（3）字迹端正，不能有错别字。

答　题　卷

考生姓名：　　　　　　　　　　准考证号：

按顺序填写 3 盆米饭的蒸熟情况。

序号	蒸熟情况	序号	蒸熟情况	序号	蒸熟情况
1		2		3	

崇明老白酒酿造专项职业能力操作技能鉴定

试题评分表及答案

考生姓名：　　　　　　　　　　　准考证号：

试题代码及名称	1.3　米饭蒸熟情况的识别			考核时间	4分钟
编号	评分要素	配分	分值	评分标准	实际得分
1	（1）按顺序填写3盆米饭的蒸熟情况 （2）有错别字算错 （3）识别超过4分钟，立即停止答题，剩余内容不给分	4	4	每错一处扣1分，全错扣4分	
合计配分		4	合计得分		

考评员（签名）：

崇明老白酒酿造专项职业能力操作技能鉴定

试　题　单

试题代码：1.4。

试题名称：酒药的识别。

考核时间：4 分钟。

1. 操作条件

(1) 2 种类别的酒药各 2 份。

(2) 将 4 份酒药交叉排列成 2 组。

2. 操作内容

随机抽选一组酒药，识别 2 种酒药的名称。

3. 操作要求

(1) 按顺序填写 2 种酒药的名称。

(2) 完成时间不超过 4 分钟。

(3) 字迹端正，不能有错别字。

答　题　卷

考生姓名：　　　　　　　　　　准考证号：

按顺序填写 2 种酒药的名称。

序号	名称	序号	名称
1		2	

崇明老白酒酿造专项职业能力操作技能鉴定

试题评分表及答案

考生姓名：　　　　　　　　　　准考证号：

试题代码及名称		1.4　酒药的识别			考核时间	4分钟
编号	评分要素	配分	分值	评分标准	实际得分	
1	（1）按顺序填写2种酒药的名称 （2）有错别字算错 （3）识别超过4分钟，立即停止答题，剩余内容不给分	4	4	每错一处扣2分，全错扣4分		
合计配分		4	合计得分			

考评员（签名）：

崇明老白酒酿造专项职业能力操作技能鉴定

试 题 单

试题代码：1.5。

试题名称：储酒器皿的选择。

考核时间：4 分钟。

1. 操作条件

备选储酒器皿 3 种。

2. 操作内容

选择可长期储存酒的器皿种类。

3. 操作要求

正确选择可长期储存酒的器皿种类。

答 题 卷

考生姓名：　　　　　　　　　　准考证号：

填写可长期储存酒的器皿名称。

序号	名称	序号	名称
1		2	

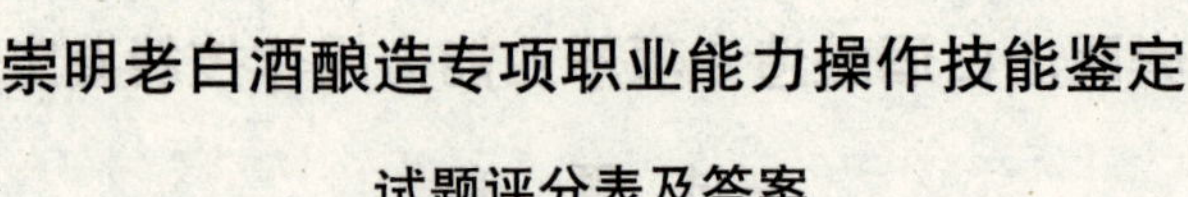

崇明老白酒酿造专项职业能力操作技能鉴定

试题评分表及答案

考生姓名：　　　　　　　　　　准考证号：

试题代码及名称	1.5　储酒器皿的选择			考核时间	4 分钟
编号	评分要素	配分	分值	评分标准	实际得分
1	正确选择可长期储存酒的器皿种类	4	4	选择陶瓷瓶（坛）和玻璃瓶的得全分，只选对一种扣 2 分，全错不得分	
合计配分		4	合计得分		

考评员（签名）：

崇明老白酒酿造专项职业能力操作技能鉴定

试 题 单

试题代码：2.3。

试题名称：酿酒场景（三）。

考核时间：20 分钟。

1. 操作条件

酿酒场景图片一张。

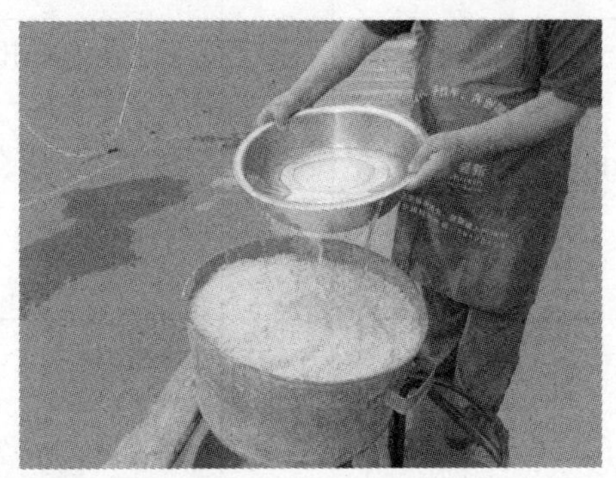

2. 操作内容

（1）写出与图片对应的酿酒工艺名称。

（2）写出这一酿酒工艺的作用。

（3）写出用水量要求。

3. 操作要求

字迹端正，正确填写。

答 题 卷

考生姓名：　　　　　　　　　　　　准考证号：

项目	酿酒工艺名称	酿酒工艺的作用	用水量要求
答案			

崇明老白酒酿造专项职业能力操作技能鉴定

试题评分表及答案

考生姓名：　　　　　　　　　准考证号：

<table>
<tr><td colspan="2">试题代码及名称</td><td colspan="3">2.3　酿酒场景（三）</td><td>考核时间</td><td>20 分钟</td></tr>
<tr><td>编号</td><td>评分要素</td><td>配分</td><td>分值</td><td colspan="2">评分标准</td><td>实际得分</td></tr>
<tr><td>1</td><td>酿酒工艺名称</td><td>7</td><td>7</td><td colspan="2">正确回答工艺名称是“淋饭”得全分，答错不得分</td><td></td></tr>
<tr><td>2</td><td>酿酒工艺的作用</td><td>9</td><td>9</td><td colspan="2">（1）使蒸熟的饭快速降温，温度控制在 30℃左右
（2）米粒完整光滑，米饭疏松不板结
（3）有利于透气发酵
只要答出其中一点得全分</td><td></td></tr>
<tr><td>3</td><td>用水量要求</td><td>9</td><td>9</td><td colspan="2">米饭干湿适度，使饭堆起来，能筑成窝
答对得全分，答错不得分</td><td></td></tr>
<tr><td colspan="2">合计配分</td><td>25</td><td colspan="3">合计得分</td><td></td></tr>
</table>

考评员（签名）：

崇明老白酒酿造专项职业能力操作技能鉴定

试　题　单

试题代码：3.1。

试题名称：蒸饭。

考核时间：20分钟。

1. 操作条件

(1) 铁锅1口。

(2) 枕腰若干条。

(3) 勺子1把。

(4) 盛有水的桶1只。

(5) 蒸笼内垫子3张。

(6) 筷子1把。

(7) 放置铁锅的架子1个。

2. 操作内容

按步骤完成蒸饭操作。

3. 操作要求

根据蒸饭的工艺要求完成操作。

崇明老白酒酿造专项职业能力操作技能鉴定

试题评分表及答案

考生姓名：　　　　　　　　准考证号：

试题代码及名称		3.1　蒸饭		考核时间	20分钟
编号	评分要素	配分	分值	评分标准	实际得分
1	铁锅内注水	4	4	注水高度约是蒸锅高度的2/3得全分，略大于或小于扣2分，极少或接近满锅则不得分	
2	铁锅边沿垫枕腰	9	3	选用平整的、柔软的棉胎条或干净的毛巾做枕腰得全分；选择不干净的毛巾做枕腰不得分	
			4	垫放厚薄均匀得全分，垫放厚薄不均匀得2分	
			2	枕腰不落在锅的水里边得全分，反之得1分	
3	锅中加浮物	2	2	把筷子放入锅中得全分，反之不得分	
4	蒸笼放置在铁锅上	6	2	蒸笼轻轻地放置在铁锅上得全分，反之不得分	
			4	适当压实，使得蒸笼、枕腰、锅边之间无缝隙得全分；蒸笼、枕腰、锅边之间存在小缝隙得2分；蒸笼或枕腰没有盖住锅边则不得分	
5	蒸笼内放垫子	4	4	选对直径大于或等于蒸笼底的垫子且正确放置得全分，选择的垫子明显没有盖住笼底的不得分	
合计配分		25		合计得分	

考评员（签名）：